JN016205

ささるアイディア。

なぜ彼らは「新しい答え」を
思いつけるのか

松永光弘＿編

はじめに

アイディア観をもつということ

編集家
松永光弘

「発想の作法」を支えているもの

　なぜ、すぐれたクリエイターたちは「ささるアイディア」を生み出すことができるのか。その理由のひとつは、彼らの「発想の作法」にあるとぼくはみています。

　これまで20年近くにわたって、クリエイターと呼ばれる人たちの本をつくり、さまざまなプロジェクトで彼らといっしょに仕事をしてきましたが、すぐれたクリエイターは例外なく、自分なりの「発想の作法」をもっていました。知るべきことを知り、考えるべきことを考えて、選ぶべきものを選ぶ。大ざっぱにいうとこの３つのプロセスに自分なりの味つけをした独自の作法を実践するなかで、アイディアを生み出していくのです。

　ただ、この"作法"は、いわゆる発想法ではありません。どちらかといえば行動様式に近く、でも思想的で、「アイディア観」ともいうべきものに支えられています。アイディアの存在意義や社会で果たすべき役割への理解がベースにある。いわば、「なにをやるか（what）」「どうやるか（how）」ではなく、「なんのためにやるか（why）」に通じる部分です。そんなそもそものところを意識しているからこそ、彼らは発想のために必要なこと、やるべきことを自分の目で見きわめ、能力を使うべきところで使い、本当に意味のあるアイディアを選び取ることができるのです。

　「いまこの時代に求められているアイディアとは、こういうもの

だ」という自分なりのアイディア観をまずもつこと。それをもとにした自分なりの発想の作法をもつこと。「ささるアイディア」を生み出す鍵は、この２つにあるといっても過言ではありません。

　そして、時代が変わればアイディアの意義や役割も変わります。アイディア観はそのつどアップデートされるべきものでもあります。実際に社会でアイディアが果たす役割は、この数年だけでも大きく変化しています。

　少し前までは、アイディアは「与えられた課題を解決するためのもの」と位置づけられることがほとんどでした。でも、いまはかならずしもそうとはいえなくなってきています。社会がさらに複雑化したことや、多くの領域でさまざまな解決や挑戦がすでになされてきていること、さらにはパンデミックによって、先が見えないまま見切り発車的に変化を迫られたことなどもあって、なにを解決すればいいのかがはっきりしない、つまりは課題が見えていないケースが増えています。「これを解決しよう」と、まず課題を設定するところから取り組まざるをえないことが多く、起点となる「問い」が求められてもいる。単純な解決ではなく、向かう先に好ましい未来をえがくことまでがアイディアに求められているのです。

　いわば、私たちを"その先"へ連れて行ってくれるもの。社会で求められるアイディアの多くが、いまやそういうものになりつつあります。

あらゆる領域でアイディアが求められている

　では、そんな時代にどのようなアイディア観をもち、どのような作法でアイディアを生み出していけばいいのか。本書ではその手がかりを、いままさに社会をアイディアの力で動かしている15人のクリエイターに求めました。

　かつてはクリエイターといえば、まず思い浮かべるのは、広告やデザインにたずさわる人たちのことでした。しかし、いまやアイディアは、あらゆる領域で必須のものとなっています。本書でもそんな広義のクリエイティビティを意識し、いわゆるクリエイティブ領域の人たちだけでなく、事業家や開発者、街づくりにたずさわる人、編集者、シェフなど、さまざまな立場の人たちに、それぞれの「ささるアイディア」について語ってもらいました。

　インタビューにあたっては、事前に大きく分けて３つのことを投げかけています。ひとつは、自分にとって重要なアイディアがどこにあるのか。ひとことでアイディアといっても、コンセプトのような抽象的なものから、組織を動かす具体的な策にいたるものまでさまざまあります。そのなかのどんな種類のアイディアを重視しているのか。いわば、仕事に変化を生み出す力点のようなもののありかを問いかけました。

　２つめはアイディアを考える手順です。どんな準備をし、どのように発想していくのか。彼ら自身が日常的に実践している手順

を、具体的な事例を踏まえて教えてほしいと投げかけました。

　そして最後は、アイディアの見きわめかたです。いくらすばらしいアイディアを生み出しても、それを選べなければ存在しないのと同じです。アイディアを生かすも殺すも見きわめ次第。その判断をどのようにしているのか。そして、どんな「ものさし」を用いているのか。

　本篇で語られている内容は、こうした問いかけを呼び水にして15人のクリエイターから引き出されたものです。徹底的に自問自答するという人もいれば、型にそって思考を追いつめていくという人もいました。個人の作法を問いかけたにもかかわらず、大事なのはチームとしての力だと語る人もいました。主張はまさに多様。でもすべてが芯を食っていて、示唆に富んでいます。ここで述べられた彼らの考えかた自体が「アイディア発想についてのアイディア」なのです。

　いろんな読みかたができるでしょうが、まずは登場するクリエイターたちがもっているアイディア観を感じていただけたらと思います。そのうえで、それぞれの取り組みかたに注目して、みなさん自身の発想の作法をつくる手がかりにしていただけたなら、編者として幸いこのうえありません。

編集家　松永光弘

目次

第4章　アイディアの「姿勢」

第5章　アイディアの「視点」

企画　松永光弘
編集　松永光弘
装丁　グルーヴィジョンズ

第1章
アイディアの「意志」

水野学
good design company

川村真司
Whatever Inc.

岩佐十良
『自遊人』

01

子どもで想像して、
おとなで創造する。

水野学

good design company
クリエイティブディレクター

1972年、東京都生まれ。茅ヶ崎育ち。多摩美術大学グラフィックデザイン科卒業。1998年、good design companyを設立。ブランドや商品の企画、グラフィック、パッケージ、内装、宣伝広告、長期的なブランド戦略までをトータルに手がける。おもな仕事に、相鉄グループ全体のクリエイティブディレクションおよび車両・駅舎・制服などのデザイン、熊本県「くまモン」、三井不動産、JR東日本「JRE POINT」、中川政七商店、久原本家「茅乃舎」、黒木本店、Oisix、NTTドコモ「iD」、「THE」などがある。2012-2016年度には慶應義塾大学SFCで特別招聘准教授をつとめた。The One Show金賞、CLIO Awards銀賞ほか国内外で受賞歴多数。

アイディアは「降りてくるもの」ではない

―― クリエイティブディレクターとして、茅乃舎や中川政七商店、相鉄など、さまざまな企業のブランディングデザインにかかわったりされているいっぽうで、水野さんはこれまでにクリエイティブな発想に関する本も何冊か出されています。その立場から見て、クリエイティブな仕事にたずさわっている人たちと、そうでない人たちとのあいだに、なにか「アイディアのとらえかたのちがい」のようなものを感じることはありますか？

水野：よくアイディアのことを「降りてくる」といったり、「手で考える」といったりしますよね。ぼくはそのたぐいの表現が、多くの人たちからアイディアを考える力を奪っているんじゃないかと思っています。

　アイディアを先天的な才能の産物だとか、神がかりのようなひらめきだとかと位置づければ、デザインやアートのような芸術関連の仕事をしている人たちは、おかしがたい特別な能力をもっているという優位性を築くことができるし、そうでない人たちは、自分の勉強不足や努力不足にいいわけができます。

　そういう意味では、みんなにとってすごく都合がいいのですが、でも、ぼく自身の実感からいえば、それは誇張もしくは虚構です。あるときに突然アイディアが降りてくることなんてないし、手が

勝手になにかを生み出すこともありません。

　にもかかわらず、特別な能力が存在するかのように扱ってしまうと、芸術関連の営みへの門戸をせばめてしまうことになりかねないと思うんです。いまの時代には、アートやデザインだけでなく、いろんな分野でアイディアが必要なのに、優秀な人たちがそこに取り組まなくなってしまう。

　それに、本当にいいアイディアへの評価があいまいにもなってしまいますよね。「特別な能力」という権威に惑わされて、つまらないアイディアを採用して、お金を無駄にしてしまったりといったことも起こります。

──"芸術関連の仕事"をしている人のなかには、そうでない人たちに対して、「あなたにはわからない」「あなたはわかってない」といったことをいう人もいますね。

水野：特別な存在としての恩恵を受けていたい人たちは、よくそういういいかたをしますよね。まあ、実際のところは、えらそうにしたいからそういっているのではなく、本人が自分の仕事の意味や意図をうまく説明できなくて、ごまかしているケースもあるとは思うのですが……。

　ただ、いずれにしても、アイディアが特別な能力から生まれるものであるかのように扱う状況はよくありません。たくさんの人

たちからアイディアというものを遠ざけて、矮小化してしまうわけですから。

センスからアイディアが生まれる

—— アイディアはけっして特別な能力から生まれるものではないということですか？

水野：人間には個人差がありますから、それぞれの領域に関して先天的に秀でた能力をもっている人がいる可能性はあると思います。実際にデザイナーのなかには、視覚情報に対しての興味や記憶力という点で生まれつき秀でている人もいるはずです。でも、ことアイディアに関しては、その個人差は、後天的な努力で十分に補足、補正、解消できると思うんです。

　そもそも、アイディアを導き出すのはセンスだとぼくは考えています。そしてセンスには大きく分けてつぎの２つがあります。ひとつは身体能力をともなう「運動的センス」。もうひとつは、記憶や学びによる「芸術的センス」です。

　たとえばミュージシャンにしても、意図したとおりに指が動くという運動的センスがあるだけでは、人を感動させるような演奏はできませんよね。いい曲を知っていたり、表現のしかたを知っていたりという芸術的センスも必要です。

このうちの運動的センスは身体的なものだけに、どうしても先天的なものが大きく影響しますが、芸術的センスはどちらかといえば、後天的な影響が大きい。でも、アイディアを考えるという行為には運動的センスはほとんど必要ありません。先天的な能力はあまり関係がない。

　要は、多くのアイディアは後天的な芸術的センスによってもたらされるということです。じゃあ、その芸術的センスはなにによってかたちづくられるのかというと、自身の学び、つまりは知識なのではないかとぼくは考えています。

　知識は、努力さえすれば、増やすことができますよね。これまでいろんなことを学んでこなかった人でも、それぞれの仕事、それぞれのプロジェクトを徹底的に分析して研究すれば、知識をたくわえることができますし、それがアイディアのタネになるんです。だからアイディアの発想は、努力は必要ですが、けっして特別な能力なんかじゃないし、特定の人たちだけのものでもないと思います。

──アイディアを生み出すには、前提として知識が必要だということですね。一種のデータベースのように……。水野さんの場合は、それをどんなふうにたくわえるのですか？

水野: そもそもの話をすると、企業の経営にしても、事業にしても、

スポーツにしてもそうですが、世の中の営みのほとんどは、成し遂げたいことを実現するという、それだけのことに集約できます。ぼくの場合ももちろん同じで、クライアントが成し遂げたいと思っていることを実現するのが仕事です。

　そこにはいくつかの過程があるのですが、とくにアイディアが求められるのは、コンセプトの立案とそれをもとにした表現の部分。そして、そこでアイディアを出すことを念頭に置いて、ぼくらの取り組みはかならず「調査」および「研究」からはじめます。

　ときどき、コンセプトを決めてから調査するという人もいるのですが、少なくともぼくの経験からいえば、その進めかたは難しいといわざるをえません。もとからすごく博識だったりすれば別ですが、考える対象のことをよく知らないうちに出したアウトプットは、知識がないぶん、精度が低くなってしまうので。やっぱり「調査・研究」が先です。

―― 具体的には、どんなことをするのですか？

水野：基本的にはリサーチ会社に情報収集を依頼したりはせず、これから考える対象について、現地に足を運んだり、いろんな本を買いこんで読んだりしながら、自分たちで徹底的に調べます。

　たとえば、京都にある「HOTEL THE MITSUI KYOTO」のブランドコンセプトを立案したときでいえば、お仕事の話をいただい

たのはオープンの1年くらい前で、すでにホテル建設ははじまっていました。つまりは途中からの参加で、建築のコンセプトや庭づくりのコンセプトといった個々のコンセプトはすでに決まっていたのですが……、でも、それでホテル全体をくくれるかというとそうでもない。ホテルとして世に打ち出していくにあたってのブランドコンセプトが必要ですから、そこを考えてほしいとの依頼でした。

　そのときも、もちろん調査・研究から入りました。ホテルの構想や施設などについて、ブリーフィングを受けたり、資料を読んだり、ヒアリングしたりして詳しく知ることからはじめて、ホテルを運営している三井不動産グループや、創業家である三井家の歴史についても調べましたね。ほかにも京都という街や土地柄、歴史や文化、そこにかかわってきた人たちのことなどをいろんな文献にあたって学びましたし、ホテルができる場所についても古地図を集めてきて、付近にどんなものがあったのかを調べたりもしました。地下からくみ上げた温泉を提供するという話もあったので、京都の地下事情についての文献にもあたったり……。だいたい3か月くらいでしたが、とにかく思いつくかぎりのことを調べて、まず知識をたくわえました。

　そのうえで、いっしょにそのプロジェクトに取り組んでいたコピーライターの蛭田瑞穂さんと話しながら考えているなかで浮かび上がった、つまりは知識のなかから出てきて注目したのが、日

HOTEL THE MITSUI KYOTO（ロゴは水野氏によるデザイン）

本人が古来から重んじている「分かちあいの心」でした。日本には昔から、四季のなかで移ろう自然の美しさに触れた感動を大切にし、それを分かちあおうとする独特の美意識があります。風土や歴史との調和を重んじて、さまざまな体験を提供していこうとする「HOTEL THE MITSUI KYOTO」の考えかたは、そこに通じていると気づいたんです。

　これをひとつのヒントとして、さらに考えを進めて、最終的に提案したのが「日本の美しさと— EMBRACING JAPAN'S BEAUTY —」というブランドコンセプトでした。

知識を増やして"確率"を高める

——　たしかにちょっと勉強したというレベルではないですね。文字どおりの調査・研究です。そして、そこからアイディアのタネが出てきているのもよくわかります。進めかた、取り組みかたは、どのプロジェクトでも同じなのしょうか？

水野：クライアントの業種などにもよりますが、だいたい同じです。たしかに、一般によく知られている企業や商品、自分が日ごろからすごく興味をもっている分野のことであれば、あまり調査や研究をしなくても、最初から知識をもっているケースもあります。でも、自分がまだよく知らない企業や商品の場合は、知識が

水野氏がデザインした中川政七商店のロゴ

なければそもそも考えようがない。まず知識をたくわえるところから入らざるをえないんです。

　中川政七商店や茅乃舎のブランディングもそうでした。創業の背景や創業者の考え、現在の経営者や前の経営者の考えを含めた企業の歴史はもちろん、その企業がある土地の地理性や文化なども調査しました。中川政七商店なら、創業した300年前になぜ麻を扱うようになったのか、とか……。

　誰かのことを知りたいときに、その人がなにを考え、なにをしてきたのかを訊いたりするのと同じで、背景をひもといていくと

いろんなことが見えてくるんです。

── 調査しながら手がかりを探すというよりは、あくまでまずは知識を増やすということですね。

水野：そうですね。調査して研究すれば知識が増えますから、その先にアイディアが生まれる確率が高くなるということです。

　でも、これって、そんなに特別なことじゃないですよね？　たとえば建築家は、住居を設計するときに、施主の要望だけでなく、家族構成を調べたり、ライフスタイルをさぐったりするでしょうし、立地に関しても、現地に足を運んで調査したりします。ふだんから、いろんな建築作品にふれたりもしている。そこで得た知識は建築のアイディアを考える手がかりになっているはずです。

　同じようなことが、どのジャンルにもあてはまると思うんです。本当はみんな知識に頼っているのだけど、そのことが意識されていないだけで。

「いいアイディア」を見つけるために検証する

── たしかに知らないものを思いつくことはできませんし……。では、知識をたくわえたあとは、どんなふうにアイディアを考えていくのですか？

水野：ぼくの場合は、アイディアを出そうとして、頭をひねっているという感じではないですね。クライアントのことや商品のことを考えているときに、もっている知識のなかから、これがいいんじゃないかと想起されるものが、ぼくにとってのアイディアです。ひらめきといえばひらめきかもしれませんが、かならず根拠となる知識があります。

　ですから、長い時間をかけてアイディアを考えることは、あまり意味がないとも思っています。自分がもっている知識から生まれてくるわけだから、2分とか、3分とかで思い浮かぶものでいい。なにかのきっかけで気づくものといってもいいかもしれません。

　実際に、クライアントの担当者と打ち合わせをしているときに、話題に触発されてアイディアを思いつくこともよくあります。ほかにも、仕事以外の余白の時間に思いつくことも多いですね。本を読んでいたり、なにかのルーティンをこなしたりしているなかで、ふと思いをめぐらせたときに思い浮かんだりもします。

　ただ、それが「いいアイディア」かどうかは、また別の話です。以前、ある映像のなかで、真心ブラザーズのYO-KINGさんが「曲をつくるだけなら、何百曲でもできるが、いい曲をつくるのは難しい」という意味のことをいっていたのですが、それと同じで、ただアイディアを出すだけなら誰でも出せます。でも、いいアイディアかどうか、ということになると、また別の工夫が必要なんです。

　大事なのは検証ですね。思いついたアイディアが、クライアン

トが成し遂げようとしている事柄の実現に寄与できるものかどうかを、そのつど検証していく。パッケージデザインのアイディアなら、それを実際に店頭に置いたときにどう見えるだろうかと頭のなかでイメージしてみたり、試作して確認したり、ロゴマークのデザインならショッピングバッグに入れこんでみたり……。思いついた直後にもやりますし、時間をおいて確認することもありますから、ひとつの「いいアイディア」にたどり着くまでには、たぶん何千回と検証しているんじゃないかと思います。

「見つけてもらう」と「信頼してもらう」

―― 検証の "ものさし" のようなものはあるのですか?

水野：ぼくは表現やコンセプトにかかわるアイディアを考えることが多いのですが、そこには大きく分けて2つの軸があると考えています。ひとつは「見つけてもらうためのアイディア」。話題になる広告をつくる、目立つパッケージを考えるといったことがそうです。もうひとつは「信頼してもらうためのアイディア」。文字どおり、その企業や商品の信頼、信用につながるアイディアです。
　実際には、どちらかだけということではなくて、ひとつの表現やコンセプトに両方が入りまじっているのですが……、アイディアというと、どうしてもおもしろい、話題になるというところば

かりがクローズアップされがちですよね。でも、本当に大切にしなくてはいけないのは、信頼されることだと思うんです。

　たとえばスターバックス コーヒーは、ロゴマークにしても、店舗のデザインにしても、見つけてもらうことにあまり比重を置いていません。でも、信頼感が伝わってくるから愛される。肝心なのはそこですよね。「見つけてもらうアイディア」は、人の営みでいえば大声で叫ぶようなコミュニケーションですが、せっかく見つけてもらったとしても、信頼できないと意味がない。もちろん逆もいえて、信頼できても見つけてもらえないと意味がないわけですが、どちらが大切かといえば、やっぱり信頼のほうです。

　じゃあ、どうすれば信頼を獲得できるのかですが、それには根拠や必然性が必要なんです。そして、それをつかむためにも、調査・研究は欠かせないというのが、ぼくの結論です。

　もちろん、「見つけてもらう」と「信頼してもらう」の割合は、業種によってもちがいます。たとえば、ぼくがクリエイティブディレクターの洪恒夫さんといっしょにブランディングのお手伝いをしている相鉄であれば、鉄道会社ですから、やっぱり信頼が強く問われます。そういう背景を踏まえて掲げているのが「安全×安心×エレガント」というブランドコンセプトです。「安全」「安心」でとにかく信頼を追求しつつ、「エレガント」という、鉄道会社としてはいい意味で違和感のある要素をまじえています。

水野氏がデザインディレクションした相鉄の車両を扱ったポスター

アイディアは一種の "見立て"

——「見つけてもらう」と「信頼してもらう」の割合には、その企業や商品の個性がからんでくるということですね。

水野：ぼくはよく「ブランドのらしさを表現するには、似合う服を着せることが大切だ」と話すのですが、目立つからといって、企

業や商品に似合わないデザインをあてがうのはよくないですよね。それはアイディアにもあてはまることだと思います。

　結局、ぼくらがやっているような仕事で求められているアイディアって、一種の見立てのようなものなんじゃないかと思うんです。クライアントや商品が、どう見えるか、どう解釈できるか、ということですから。ちょっと乱暴ないいかたをすれば、空を見上げて、雲をなにに見立てるかという行為に近いところがあります。

　そこでソフトクリームと見立てたり、犬と見立てたり、ゴジラと見立てたりできるのは、そういうものを知っているからですよね。ただ、せっかく知っていても、これはこう見るべきだとか、こんなふうに考えてはいけないなどと、偏見や強い思いこみがあるとうまくそれが引き出されてきません。

　そうならないように、考えるときには、無邪気な子どもの目線になる。そして、そこで見立てたもの、つまりはアイディアを、おとなの目線で検証してあげることが大切です。

　要するに、「子どもで想像して、おとなで創造する」ということ。アイディアを考えるって、つきつめるとそういうことなんじゃないかとぼくは思っています。

02

いいアイディアは、
やっぱりシンプル。

川村真司

Whatever Inc.
CCO、クリエイティブディレクター

180 Amsterdam、BBH New York、Wieden & Kennedy
New York といった世界各国のクリエイティブエージェンシー
でクリエイティブディレクターを歴任したのち、2011年に
PARTYを設立し、ニューヨークおよび台北の代表をつとめ、す
べてのグローバル案件にたずさわった。2018年に Whatever
をスタート。数々のブランドキャンペーンを手がけるほか、テ
レビ番組開発、ミュージックビデオの演出などにも取り組むな
ど活動は多岐にわたる。カンヌライオンズをはじめ世界で100
以上の受賞歴があり、『Creativity』誌の「世界のクリエイター
50人」、『Fast Company』誌の「ビジネス界で最もクリエイ
ティブな100人」、『AERA』誌の「日本を突破する100人」に
もそれぞれ選出されている。

基本は「ラフスケッチと1行」

—— Whateverという社名と同じく、川村さんご自身も広告やプロダクトの制作、ミュージックビデオの演出、テレビ番組のプランニング、展示のディレクション、「RAINBOW IN YOUR HAND」のような個人プロジェクトまで、本当になんでもやっておられますよね。しかもどのアイディアにも強さのようなものを感じます。アイディアには、やっぱりこだわりがあるのですか？

川村：クリエイターと呼ばれる人たちにも、いろんなタイプがいて、アイディアで勝負する人もいれば、アイディアよりも表現力で突破する人もいますが、ぼく自身は前者でありたいと思っています。かかわるプロジェクトは、アイディアだけでもホームランにしたいし、せめて3塁打くらいのところにまでもっていきたい。アイディアでそこまで飛距離が出せれば、表現をがんばれば、やはりホームランをねらえる。そのくらいアイディアを重視しています。

　最近はクリエイティブディレクターとしての仕事が増えていますから、チームのメンバーがもってきたアイディアをレビューして育てる立場にいることが多いのですが、それでも打ち合わせには、だいたいいつも自分の案ももっていきます。数も、ぼくがいちばんということも少なくありません。基本的に考えるのが好きなんです。もちろん、チームで採用する案は最終的にはぼくが選

ぶわけですから、プロセスがフェアになるように自分の案は最後に見せつつ、立場や役職に関係なく、メンバーにきびしく評価してもらいつつ、ですが……（笑）。

　かならず意識しているのは、「ラフスケッチひとつと説明1行」でちゃんとわかるものになっていること。要するに、シンプルなアイディアです。ときどき自分のアイディアを見せるときに、複雑な理屈を並べ立てる人がいるのですが、時間をかけて説明しなければよさがわからないものは、基本的には人に伝わりません。世の中の人たちは、そこまで積極的に自分からアイディアを読み解こうとはしてくれませんから。それにいまはSNSの時代です。すぐにわからないものはシェアされにくい。やっぱりシンプルに説明できるアイディアが必要なんです。ラフスケッチと1行で「すげぇ」と思える。そういうものをめざして考えていきます。

　最近のWhateverのプロジェクトでいえば、「らくがきAR」というアプリがわかりやすい事例かもしれません。紙などに描いた絵をスマホやタブレットでスキャンすると、AR（拡張現実）でその絵が動きだす。つまりは「落書きに命が吹きこまれる」。アイディアはそれだけです。

　技術的には、動きだした絵同士を戦わせるとか、本当はもっと複雑なことも可能でした。でも、シンプルでなくなってしまうので、あえてそこまではしていません。驚くべきポイント、楽しむべきポイントが、わかりづらくなるので。

らくがきAR

　なにかを企画したり、つくったりしていると、あれこれ足した
くなるし、それが絶対にダメというわけではないのですが、アイ
ディアを考えるときにそこに踏みこむと、どうしても企画として
弱くなってしまうんです。だから、コアをしっかりと見すえて、
余計なものをそぎ落とすことを心がけています。

提示された課題を疑うところから

――実際には、どうやってアイディアを考えていくのですか？

川村：まずやるのは、クライアントからの課題を疑うことですね。たとえば広告なら、こういうメッセージで、こういうCMをやりたい……といった課題があるわけですが、本当にそれで抱えている問題を解決できるのか、ということを考えます。自分なりに納得がいけば、そのままアイディアを考えはじめますが、もしそこで疑問があれば、クライアントに投げかけて確認したり、プレゼンのなかで別方向の案として提案したりもします。

　そんなプロセスから生まれた例のひとつが、ニューヨークで2016年に「Google翻訳」のプロモーションとしてやった「Small World - The Google Translate Restaurant」です。スマートフォンのGoogle翻訳のアプリは、当時から50言語くらいに対応していて、カメラで写した風景のなかにある文字をリアルタイムで翻訳して表示してくれたりと、じつはすごくパワフルで役に立つものだったのですが、そのころは認知がまだあまり高くなかったんです。それをCMやポスター、OOHなどで訴求したい、という依頼でした。

　でも、そもそも目線であれこれ考えてみると、ポスターやCMで使用シーンを見せても、機能を知ることはできるけれど、実際に使ったときに感じる便利さは伝わらない。やっぱり使ってもらうことが大事。だから、そのパワーを実際に体験できるイベントをやったほうがいいと提案しました。

Google「Small World - The Google Translate Restaurant」

――「The Google Translate Restaurant」ということは、レストランをつくったわけですよね。体験の場をレストランにしようと思ったのはどうしてですか？

川村：Google翻訳がいちばん生きるのは、やっぱり海外旅行をするときです。でも大勢の人に旅行を体験してもらうわけにはいかないから、日常のなかでいちばん似ている体験を探したんです。そのひとつが本格的な外国料理を食べるときでした。ニューヨークだと、チャイナタウンの奥のほうに行くと、メチャクチャおいしい店がたくさんあるのですが、そういうお店では中国語しか話してくれなかったりすることが少なくありません。いわば日常のなかの外国。そんなある意味"本格的"なレストランならGoogle翻訳が必要になりますよね。

　その気づきをもとにアイディアをふくらませて、実際においしい食事が食べられるGoogleのレストランをマンハッタンにオープンしました。1日3回転で5日間限定でしたが、有名な料理人がつくる料理をすべて無料で食べられる。ただし、メニューには英語を一切使っていなくて、店員も英語を話さない。店内の掲示も全部、英語以外のいろんな国の言葉で書かれています。だから、Google翻訳のアプリを使わないと、どう注文すればいいのかさえわからない。おいしい料理を味わいつつ、楽しくアプリの機能を体験することができるという企画でした。

——アイディアもシンプルですね。「Google翻訳がなければ注文できないレストラン」。1行で書けます。

川村：そのおかげもあってか、口コミですごく広まりましたし、プロモーションとしては大成功でした。オンラインで予約を受け付けたのですが、すぐにいっぱいになってしまって、入れない人のために店の外で変な味のドーナツを配ったりもしましたね。わさび味とか……。食べる前に翻訳して確認しないと大変な目に遭う（笑）。

——わさび味のドーナツですか。強烈ですね。

アイディアの前に「タネ」を見つける

——気がつけば、いつのまにかアイディアが出たあとの話になってしまっています（笑）。話を戻して……、そもそもの目線で疑って、課題がはっきりしたあとは、どんなふうに考えていくのですか？

川村：最初に意識するのはアイディアのタネですね。課題をどうとらえるかという視点のことをそう呼んでいます。たとえば、2019年につくったNHKの連続テレビ小説『スカーレット』のオープニング映像では、ロクロの上でまわる粘土をクレイアニメーショ

ンの素材として使って、ひとりの女性の人生が変わりゆく様子を
えがいています。ドラマの主人公が、陶芸に生涯を捧げた女性だっ
たこともあって、そういう表現にしたのですが、この場合でいえば、
その起点になっている「陶芸のお話だから、粘土を使ったアニメー
ションでドラマを表現してみよう」という着想の部分がアイディア
のタネです。

　別の例でいえば、2016年にフィリピンのマニラに「Nike
Unlimited Stadium」という、陸上トラックに沿って立てたLED
スクリーンを使って過去の自分と並走しながら競争できる陸上競
技場をつくったのですが、これは「自分と競争しつづける体験」が
タネでした。

　切り口といってもいいし、ちょっとした発見といってもいいか
もしれません。まだアイディアとはいえないのだけれど、アイディ
アに育つ可能性のあるもの。最初はそういうタネを探すことを意
識しながら、ブランドや商品やユーザーなど、それにまつわるさ
まざまな事柄をいろんな角度から見ていきます。

　じゃあアイディアとはなにかというと、ぼくの場合は、そのタ
ネを具体化して、コンテンツや表現として成立している状態にで
きるものを指します。先ほどの「スカーレット」なら、「陶芸のお
話だから、ドラマをクレイアニメーションで表してみよう」と決め
たとしても、ただ粘土を器のかたちのアニメーションにするだけ
じゃつまらないじゃないですか。でも、回転するロクロを人生の

Nike Unlimited Stadium

流転に見立てて、その上で粘土を使って、主人公の人生の移り変わりをクレイアニメーションのようにえがく、というところまで構築できれば、やっと視聴に耐えうるおもしろさが出てくる。ここまで来て、やっとアイディアになります。

　「Nike Unlimited Stadium」でいえば、「自分と競争する」だけなら、ストップウォッチでタイムを計ってもできます。それが、巨大な陸上トラックの横にLEDスクリーンを立てて、自分のゴーストと並走しながら競争できる、というデザインになってはじめて独自性のあるアイディアになります。

—— タネやアイディアはひとりで考えていくのですか？　それとも誰かと話しあいながら？

川村：チームでアイディアをもちよったあとは、みんなで意見を出しあって、誰の案かは関係なく育てていきますが、それまでは基本的にひとりで考えます。というか、日常的にずっと考えているようなところはありますね。主観と客観をたえずいったりきたりしながら……。発想するときは、まず自分のなかにあるフィルターを取り払ってきわめて主観的に課題をとらえます。そこでなにかを思いついたら、今度は客観的に、それこそクリエイティブディレクターの目線で社会情勢や文化的コンテクストのような大きな視点からも眺めて、よしあしを見きわめる。そういうことを延々と脳内でくり返しています。

　そのベースが日常にありつつ、いざアイディアを出そうというときは、かならず紙とペンを用意します。思いついたなかでよさそうなものは、とにかく紙の上に書き出していく。このときはタネとアイディアは区別していません。

　数にしてだいたい100個近くになることが多いのですが、書き出したら、その紙を見ながら、さらに考えを進めていきます。消したり、つけ足したり、分類したり、関連づけてつないだりしながら……。このときに大切なのは、アイディアやタネの本質を見きわめようとすることですね。どこがそのアイディアのおもしろ

いポイントなのかを意識しながら、枝葉の部分をそぎ落として、できるだけシンプルにしていく。

　いったん書き出して、文字や絵にして視覚的にとらえて考えると、頭のなかにあったときには気づかなかったことに気づけたりするんです。それをできるだけツールのUIにとらわれず、ノーストレスで実行することが大事なので、紙に書くというアナログのやりかたが、ぼくにはしっくりきています。

ヒューマンインサイトをとらえているか

―― 先ほど、「最初はタネを意識しながら、クライアントや商品、それにまつわる事柄などをいろんな角度から見ていく」とおっしゃっていましたが、考えるにも材料となる情報や知識が必要ですよね。かかわる企業や扱う商品のことをリサーチしたりするのですか？

川村：もちろん、取り組む案件に関係することは、調べて勉強しますよ。扱う商品がスポーツに関するものなら、競技の内容や歴史など、基本的なことはリサーチします。

　ただ、細かなところまで調べたとしても、多くの場合、そこに直接答えにつながるヒントはなかったりします。本当にいいアイディアは、やっぱりいろんな人におもしろいといってもらえるも

のだと思うので、複雑なコンテクストや、マニアックな情報をベースにしたアイディアだと、わからない人が出てきてしまう可能性があるんですよね。

　だから、さまざまな文献にあたって詳細にリサーチするというよりは、ポイントを押さえつつ把握して、脳内に基本的な知識をたくわえたうえで考えていくというスタンスです。ディテールを知って並べることで、大きな本質をさぐっていくようなイメージですね。

―― とはいえ、いろんな人におもしろいと思ってもらえるようなアイディアを見つけるのは、そうかんたんなことではないですよね。手がかりはどこにあるのでしょうか?

川村：そのアイディアが、ヒューマンインサイトにふれることができているかどうか、だと思います。要は人間が共通してもっている普遍的な感情や関心です。もっと知りたいとか、誰かとつながりたいとか、やってみたいとか、できるようになってうれしいとか、そういう感情って、否定できないじゃないですか。その根源的なところにちゃんとタッチできているアイディアはやっぱり強いし、人の心にささります。

　発想の起点がそこにあるということではないのですが、タネやアイディアを見きわめていくときの判断基準にはなっていますね。

人間として、こう伝えたらどう受けとめてもらえるだろうか、ということをかならず想像しますから。

　ぼく個人の傾向としては、そのなかでもハッピーな表現をめざすところがあります。最近気づいたのですが、しっとりした表現やしんみりと感動的であるものはあまりつくってきていません。別に意図してそうしているわけじゃないのですが、自然とそうなっています。人びとが笑顔になるようなものをつくりたいし、そのなかでメッセージが伝えられたほうが強く心にささるという思いがどこかにあるのでしょうね。

人間として笑顔になれるアイディア

―― 市場調査や生活者の動向のようなレポートは参考にしないのですか？

川村：まったく見ないわけではありませんが、アイディアを考えるときに参考にすることは、じつはほぼないですね。マーケティング資料のなかには、ターゲットとなる生活者を細かく定義したものもありますけど、ぼくはあまりそういうものを信用していないんです。

　人間って、100人いたら100人ともちがうじゃないですか。なのに、あるセグメントや属性をよりどころとして、この人たちはこ

うだと特徴づけてそこに訴えかけるのは、あまり本質的じゃないと思うんですよ。

　そのことをすごく感じたのは、日本を出て180 Amsterdamというオランダのクリエイティブエージェンシーで働きはじめたときでした。当時はアディダスの広告を担当していたのですが、クライアントから「キャンペーンをやりたい」という依頼があれば、それはすなわちEU（欧州連合）全体のキャンペーンの話なんです。オランダ国内だけを意識したものじゃない。

　でも、EUといっても、フランスもあれば、ドイツもあります。歴史的背景もちがえば、政治の制度もちがうし、文化も全然ちがう。しかもフランス人だ、ドイツ人だといっても、街に住んでいる人もいれば、郊外でワイナリーをやっている人がいたりもして、本当にいろんな人がいます。そんななかで、ハイコンテクストなアイディアは通用しません。

　じゃあ、どうするかというと、やっぱり人間だったら誰でも共感できるような、ヒューマンインサイトを掘り下げていかざるをえないんです。人間としておもしろい、人間としてハッピーになれる、人間として笑顔になれるというアイディアでないと、機能しません。さらにアイディアがそういうものになっていたとしても表現が複雑だと脱落者が増えてしまう。そこでもシンプルをめざすことになります。

── 本質的。シンプル。一貫していますね。

川村：そのほうがじつは効率もいいんですよ。特定の人たちだけにわかるものではなく、人間であれば誰しもわかるものにすれば、ある意味、世界的な汎用性がありますから、そこまで厳密にセグメントする必要もなくなりますし。たとえばスポーツブランドの広告にしても、スポーツがテーマだけれど、スポーツファン以外の人たちが見て「ワオ！」と思えるにこしたことはないですよね。

　それにいまはネットの時代です。世界中がつながっているわけだから、日本人向けにつくった映像が日本人だけに見られるとはかぎらない。たまたまブラジルで見られてヒットすることだってあります。バイラルするって、そういうことだと思うんです。ターゲットとしている人たちにささるだけでなく、人間としてささるから広まる。

　でも、日本の広告やクリエイティブは、どうしても国内向けのハイコンテクストなものになりがちです。言葉の事情もあるから、やむをえないところもあるのですが、ぼくはそこでは勝負したくない。人間としてささるアイディアを考えて、日本人はもちろん、世界の人が見てもいいと思えるものにしたいんです。シンプルで根源的な驚きやハピネスをつくれるアイディア。めざしているのはそこですね。

03

本質に立ち返って
自問自答する。

岩佐十良

『自遊人』編集長
クリエイティブディレクター

1967年、東京・池袋生まれ。武蔵野美術大学在学中の1989年にデザイン会社を創業し、のちに編集者に転身。2000年、雑誌『自遊人』を創刊、編集長に就任。2004年には活動拠点を新潟の南魚沼に移した。2014年、住空間や環境、衣服などをトータルにディレクションした「里山十帖」を新潟県大沢山温泉にオープン。2018年開業の「講 大津百町」、「箱根本箱」では企画・ディレクションを担当。2020年には「松本十帖」を開業するなど、多方面でライフスタイル提案を軸にした"リアルメディアづくり"に取り組んでいる。グッドデザイン賞「BEST100」、アジアを代表するデザインアワード「SINGAPORE GOOD DESIGN」など受賞多数。

アイディアを考えるときは視察に行かない

――岩佐さんは、編集長として20年にわたって雑誌『自遊人』を
つくってこられただけでなく、2014年には「里山十帖」、2018年
には「講 大津百町」と「箱根本箱」、そして2020年には「松本十帖」
と、いくつも宿を手がけられています。そのどれもがユニークで
ありつつもしっかりと心地がよくて、新しい提案になっていると
ぼくは感じているのですが、企画なり、アイディアなりを考えて
いくときに、どんなことを大切にされているのですか？

岩佐: いちばん大事なのは、真似をしないことです。そのためにも、
アイディアを考えるときは視察に行かないと決めています。

　新しいプロジェクトに取り組むことが決まるとよく、そのジャ
ンルの事例を頭に入れておこうとか、競合他社がなにをやってい
るかを知っておこうとかといって、いろんなところに視察に行っ
たりしますよね。あれをやると、自分では参考にとどめているつ
もりでも、どこかで真似てしまうんです。無意識のうちに似たよ
うなことをしてしまう。だから、ぼくはアイディアを考えると決
めたら視察には行きません。「里山十帖」をつくったときもそうで
した。やると決めたときからオープンするまでは、1軒も旅館に
泊まりませんでした。

里山十帖

――現地を見に行ったりはされるのですよね？

岩佐：それはやりますよ。宿をつくったり、カフェをつくったり、飲食店をプロデュースしたりするときは、かならず現地を見に行きます。その土地や地域のことを知らなければ、なにもはじまらないので。「松本十帖」なら、企画の段階で何回も松本の街に足を運びましたし、ほかのプロジェクトでも同じようにします。

　でも、それはその土地や地域を知るためじゃないですか。あやういのは事例を意識した視察です。かならず、「はやっているのは

なにか」「なにをやればうまくいくのか」という目で見ますから。

―― たしかにどのジャンルでもそういう視察をしがちですが、そこまで影響を受けるものなのですか？

岩佐：受けますね。絶対に受けます。で、そうやって影響を受けてできたものはおもしろくないんです。

　宿にしても、飲食店にしても、いろんな商品にしてもそうなのですが、なぜおもしろいものでなくなるかというと、既視感があるからなんですよね。どこかで見たことがあるものは、それだけでつまらない。じゃあ、なぜ既視感があるものが生まれてくるのかというと、なにかを参考にしているからじゃないですか。見ていてもわかりますよ。ああ、これは、あれを見てこうしたんだな、とか。これは、あれとあれを足して2で割ったな、とか。極端な例だと、ニューヨークとかパリではやっているものをもってきただけというものもあります。

　日本のクリエイティブが遅れているといわれる原因のひとつは、ぼくはそこにあると思うんです。どこかからもってくるのがアイディアだと思っているようなところがある。しかも、そのコピーをさらに真似る人がいて、劣化コピーがはびこってもいますよね。

アイディアは自問自答から生まれる

――いや、それは本当にそうだと思います。ほかで当たっているものをこっちでもやろう、という考えかたをする人や企業がすごく多いですよね。アイディアを軽視しているというか……。では、岩佐さんは、アイディアをどうやって考えていくのですか？

岩佐：ぼくはアイディアというものは、自問自答のなかから生まれてくると思っています。ぼくの場合なら、最近は地域にかかわる仕事が多いので、その土地や地域に対してなにをすべきなのかをとにかく自問します。アイディアはそのなかで出てきますね。

　鍵を握っているのは、アイデンティティです。個人もそうだし、企業もそうですが、アイデンティティが失われると衰退します。骨抜きになってしまうんです。地域ももちろん例外ではありません。いま日本中で人口問題が注目されていますが、地域の問題はかならずしも人口だけに原因があるわけではなくて、アイデンティティが失われていることが大きいんじゃないかとぼくは思っています。

　だからこそ、新しいプロジェクトに取り組むときには、まずはその土地や地域を知ることからはじめて、そこにあるアイデンティティをさぐります。そのうえで、それを復活させるための方針をミッションとして自分のなかに設定する。アイディアは、そのミッ

ションを実現するために具体的になにをやるか、という部分です。

—— すべてはアイデンティティをつかむところから、ですか。そのために、なにをすれば？

岩佐：とにかくその土地や地域にかようしかないですね。松本十帖をつくるときも、プロジェクトをはじめるために最初に松本を訪れたのが2016年7月で、プレオープンが2020年7月ですから、準備に4年くらいかかっていますが、その間、回数がわからなくなるくらい現地に足を運びました。

　だいたいいつも、いろんなところを見てまわって、地元の人から話を聞いたり、その地域の生活の様子を観察したりします。なかでも重視しているのは飲食店です。いろんな店を訪ねては、ご主人と話したり、そこに来ているお客さんと話したり、まわりから聞こえてくる話に耳を澄ませたりしています。

　地元の人たちが行く店にも注目しますね。それはどういうお店なのか。なぜその店が選ばれるのか。逆に、よそ者のぼくらにはすばらしいと思えるのに、地元の人が行かない店があれば、そこにはどういう理由があるのか、と考える。その土地にかよって、そうやっていろんなものを見聞きしているうちに、地元の人たちの考えかたや文化のようなものが見えてくるんです。

松本十帖

――地元の人たちの考えかたや文化を知る"取材対象"としては、飲食店が適しているということですか？

岩佐：そうですね。飲食店と地域の文化とは、かなり密接につながっていると思います。たとえば松本は、歴史があって非常に文化レベルが高い街ですが、飲食店のレベルもやっぱり高いんです。フレンチやイタリアン、日本料理など、いろんなジャンルで、カジュアルなものから高級なものまで、しっかりとしたお店がありますし、飲み屋のレベルもすごく高い。その土地ならではの料理も、郷土料理から山賊焼のようなB級グルメまでたくさんあります。飲食店は地域性を象徴しているんですよね。

アイデンティティの手がかりは「常識」にある

―― そうやって見聞きしていくなかで、アイデンティティをつかめたと感じるのは、どういう瞬間でしょう？

岩佐：その土地の人たちが、なにに誇りをもっているのかがわかったときですね。いろんな人が、いろんなことに誇りをもっているわけですが、その最大公約数的な誇りがどこにあるのか、ということです。

　そこにたどり着く手がかりのひとつとして、ぼくが注目してい

るのが「常識」という言葉です。「そんなのは、ここでは常識だよ」という意見や、「ここでは常識的に無理だよ」というネガティブな反応には、アイデンティティにたどり着ける手がかりがあると思っています。

とくに「常識的に無理」という反応には、欲してはいるのだけど、ある種の事情からやむをえず否定している、あきらめようとしているという微妙な心理がかくれています。松本十帖をつくるときもそうでした。若い人たちにも来てもらえる宿にしたいと地元の人たちに話すと、「常識的に無理だ」といわれることが多かったんです。浅間温泉は比較的、年齢層の高い人たちが来るところだから、若い人たちの需要はない、と。

でも、裏を返せばそれは、若い人たちにも来てほしいと思っているということですよね。もっといえば、松本は明治初期につくられた開智学校以来、非常に熱心に教育に力を入れてきた地域でもあります。そのぶん、若い力への思い入れには特別なものがある。そういうことも見えてきます。

経験としてニュアンスを共有する

―― なるほど。たしかに常識はコモンセンス、つまりは「共通の感覚」ですものね。向こう側には、その土地や地域ならではの価値観がある。そして、それを掘り下げていくなかでアイデンティティ

をつかんでいく、いい当てていく、ということですね。

岩佐：いや、それが、じつはあまり言葉にはしていないんです。編集者としては、本当は言語化しなくてはいけないのかもしれないのですが……。

　ぼくの場合はアイデンティティを言葉ではなく、イメージでつかんでおくことが多いんです。だから、これが松本のアイデンティティだと思う、と明言することはできないのですが、なにかを見たときにそれが松本らしいか、そうでないかを判断できる状態にはあります。

　そんな曖昧な状態が許されているのは、里山十帖にしても、松本十帖にしても自分のところの内部プロジェクトだから、ということはあると思います。もしこれがどこかから依頼されたプロジェクトで、企画を提案したり、説明したりしなくてはいけないのであれば言語化します。ですから、やろうと思えばできるのですが、時間も手間もかかるので……。言葉にすることに重きをおいてはいないんです。

── 言語化は、解釈するということとは、また別の作業ですものね。たしかにイメージのなかで「こうだ」とつかんだものを代弁してくれる言葉を探すのは大変だし、すごく時間がかかります。

　でもいっぽうで、言語化すると価値観や考えかたをいろんな人

たちと共有しやすいというメリットもあります。仕事を進めていくうえでの影響はないのですか？

岩佐：どんなプロジェクトでも、だいたい外部の人たちをまじえたチームをつくるのですが、アイデンティティを共有するときは、彼らをその土地のお店に連れて行って、「ここが松本っぽい」「これが松本だと思う」などといいながら、肌で感じてもらうようにしています。自分がつかんだものを経験として共有していくといってもいいかもしれません。とくにクリエイティブチームの場合は、感覚のニュアンスを共有することが大事なので、そのほうがかえって好都合だったりもするんです。

地元目線の「頭のなかでの会議」

── ちなみに松本の場合は、アイデンティティをどうとらえて、そこからミッションをどう設定されたのですか？　言語化していないとのお話でしたから、答えにくいとは思うのですが……。

岩佐：そうですね。言葉にしてきていないので、細かなニュアンスまではうまく説明できないのですが……（笑）、松本の場合はやっぱりアイデンティティの核にあるもののひとつは教育ですね。明治維新直後にいちはやく、開智学校という立派な学校が住民の寄

付を得てつくられていたり、名門の信州大学があったりと、松本は教育県と呼ばれる長野を支えてきた街ですから。地元のみなさんの知的な感度もすごく高くて、さっきもお話ししたように文化レベルが高い街なんです。

　そういう松本の人たちや地域に対してぼくらのような外部から入っていく者になにができるのか、ですが……、松本という地域は教育レベルが高いから、いわゆる一家言をもっている人が多くて、自己主張もしっかりしています。自信もあるし、なかでも長野県下では特別な存在だという自負もある。でも、そのぶん、自分から外に向かって出て行こうとはあまりしない。飲食店でも、味も空間も最高なのに、メディアで取り上げられたくない、常連客が来てくれてそれなりにやっていければ十分、というお店が少なくないんです。要するに、知的であるがゆえに少し閉じてしまっているところがある。

　そう考えたときに、ぼくらにできるのは、新たな知的刺激を提供すること、つまりは、東京をはじめとしたほかの地域と知識や情報を共有できる機会を提供することではないかと思ったんです。松本十帖に来てくださる観光客を「お金を落としてくれる人」ととらえるのではなく、「学びの対象」としてとらえてもらう。東京のお客さまや海外のお客さまと、地元の人たちが交わる場になるということです。

　松本十帖ではいろんなイベントをやっていこうと思っているの

ですが、そこでほかの地域から来たお客さまと地元のお客さまとの交流が生まれるようにする。そして、双方がいろんな刺激を受けて、それぞれの生活に戻っていく。そういう場をつくろうというミッションを思いえがきました。

—— そのミッションをやりとげるために、どんな施設が必要か、どんなサービスを提供するか、という部分が、いわゆるアイディアですね。それをどう考えていくのですか?

岩佐：そこはシンプルに、松本十帖をつくる松本の浅間温泉にどんなものがあったらいいかなと考えます。最初にお話ししたように自問自答ですね。

　ただ、そのときの目線は、ぼくではないんです。つかんだ松本のアイデンティティをもとに、「松本人Ａ」「松本人Ｂ」「松本人Ｃ」……というような松本人の代表を10人くらい自分のなかにつくりあげて、その目線で考えていきます。彼らに頭のなかで会議をさせるんです。いわば"松本人会議"ですね。「なんか、最近、松本には本屋が少なくなったね」「図書館もいまでは学生の勉強場所だし、気軽に本が読めるカフェがあるといいよね」といったやりとりを延々とつづけていきます。松本十帖の宿泊施設のひとつを1万2000冊の本を収蔵したブックホテル「松本本箱」にしようというアイディアも、そういうなかで出てきました。

松本本箱「オトナ本箱」

　とにかくずっと考えていますね。なにかアイディアが出ても、「それで本当にいいの？」と問いかけて、もう一度壊して、ということを何度も何度もくり返しています。ミッションをもとに考えるといいましたが、ミッション自体を問いなおすこともあります。

自分を追いつめて本質に立ち返る

—— かなり落ち着いて考える必要がありそうな印象ですが、どういう場所で考えられているのですか？

岩佐：ぼくの場合は３つあります。いちばん多いのは温泉に入りながらです。つぎが山に登りながら。３つめは、最近は減ったのですが、ひとりでクルマを運転しながらです。これ以外はまずありません。

―― 机に向かって考えることはない？

岩佐：ないですね。それどころか、机に向かっているときにアイディアが生まれたことは、これまで一度もないかもしれません。

―― でも、温泉だとそう長くは考えられないような……。

岩佐：それがそうでもないんですよ。ぼくはほぼ毎日、１時間半くらい温泉に入るんです。なんといっても、温泉地に住んでいますから（笑）。とはいえ、温泉につかってしばらくのあいだは、どうしても発想が俗世的になります。直前まで取り組んでいたこととか、お金のこととか、マーケティングのこととか、だいたいつまらないことを考えてしまうんです。

　でも、30分から40分くらいすると、それが一段落して、ニュートラルな状態に戻る。で、ある瞬間にパッと頭が切り替わって、そこからあとは発想が本質的になります。"松本人会議"がはじまったり、ミッションを考えたりするのも、だいたいそこからですね。

なんでこんなにつまらないマーケティング的なことにしばられていたんだろうと気づいて、反省したりしながら、なにをやるべきなのかという目線で考えていきます。

　山でも同じですね。最初はやっぱりつまらないことをあれこれ考えながら歩いているのですが、２時間くらい経つと、どこか超越した感覚になってきます。そうなると発想がぜんぜんちがってくるんですよね。だいたいなにかを思いつくのは、そこからです。もっといえば、夏山よりも冬山のほうが思いつきがいいかもしれません。たぶん、それだけ極限に追いこまれるからでしょうね。

―― 山には、どのくらいの頻度で登られているのですか？

岩佐：ノルマにしているのは、夏山と冬山でそれぞれ40日です。本当は冬山を50日にして、年間90日にしたいのですが、さすがに時間的に難しくて。

―― ノルマなんですね。山が好きで登っておられるのかと思っていました。

岩佐：山に登るのは好きですよ。でも、登るまでは億劫なんですよ。疲れていたり、天気がわるかったりすると、やっぱり行くのがいやになります。もちろん、登ったら登ったで気持ちはいいのです

が、なかなか重い腰を上げられないことも多いですね。楽しいのは、夏と冬にそれぞれ20日くらいまでです。年間80日となると、そもそも時間を捻出するのが大変ですし、山に登るのをやめて仕事をしたほうが、絶対に楽ですから。

　でも、これは温泉にもあてはまるのですが、回数が減ると、ぼくの場合は目に見えて発想が貧困になっていくんです。だからノルマとして設定して、自分をむち打つようにしながら行っているところはありますね。

——ほうっておくと、発想が本質的でなくなる。

岩佐：そうです。なにかに発想をゆだねるようになってしまうし、それがよくないということだと思います。

　マーケティング的にこれをやるべきだとか、こういうことをやると数字になるとかというものって、本当につまらないじゃないですか。最初にお話しした視察の話もそうです。はやっているものやうまくいっているものを真似ても、つまらないものしか生まれない。結局、それは自分で考えないで、なにかに発想をゆだねてしまっていることに原因があるんじゃないかと思うんです。

　だから、そういう感覚をまず消し去る必要がある。そのうえで本質に立ち返って自問自答することが、やっぱり大切なんだろうなと思いますね。

第２章
アイディアの「経験」

鳥羽周作
sio

龍崎翔子
L&G GLOBAL BUSINESS, Inc.

藤本壮介
藤本壮介建築設計事務所

04

「気持ちいい」で
体験を最大化する。

鳥羽周作

sio
オーナーシェフ

1978年生まれ、埼玉県出身。Jリーグの練習生、小学校の教員を経て、32歳で料理人の世界へ。2018年、代々木上原にレストラン「sio」をオープンし、『ミシュランガイド東京』で2年連続して"星"を獲得。そのかたわらで、業態の異なる5つの飲食店（「o/sio」「純洋食とスイーツ パーラー大箸」「ザ・ニューワールド」「㐂つね」「Hotel's」）の運営にもたずさわっている。テレビ、書籍、YouTube、各種SNSなどでオリジナルレシピを公開したり、料理の新たな味わいかたを提案するなど、レストランの枠を超えたさまざまな手段で「おいしい」を届けている。 2021年4月、博報堂ケトルとチームを組み、食のクリエイティブカンパニー「シズる」を設立。モットーは「幸せの分母を増やす」。

料理は「課題解決」

── 鳥羽さんはモダンフレンチのシェフとして、とても創造性ゆたかな料理をつくることで知られています。実際につくられたものをいただくと、本当に多彩で、おいしいだけでなく、驚きにも満ちていると感じます。素人目には、やっぱり鳥羽さんならではの感性から生まれた自己表現なのかなと思ってしまうのですが、実際のところはどうなのですか？

鳥羽：フレンチのシェフだというと、たしかにアーティスティックな仕事をしていると思われることもあるのですが、ぼくはそういうタイプじゃありません。どちらかというと、仕事への取り組みかたはクリエイターっぽいですね。ぼくの料理は自己表現じゃなくて、お客さんをよろこばせるためのもの。それをつくろうとして出すのがアイディアですから、あくまで課題解決が目的です。

── 課題解決ですか。具体的には、どんな課題を意識されているのですか？

鳥羽：最近はいろんな依頼をいただくようになったので、それにもよるのですが……、料理でいえば、ひとつは食べるという体験を最大化することです。そのためにぼくは、コース料理を1本の

sioのコース料理のひと皿

映画のようにとらえたりしています。映画を観ると、感動して泣いたり、すごく元気になったりするじゃないですか。それと同じように、料理を通じて、ハラハラしたけど最後には感動したとか、ゆっくりとくつろいだとか、という体験をつくりたいんです。

　うち（sio）のコースは10皿なのですが、たとえば、1皿めはあえておいしすぎないスープを出して、2皿めのスペシャリテでまずビックリしてもらう。そのうえで、3、4皿めは、情報量を多くして、五味がうまく合わさったコースのイメージを決めるよう

な皿を出す。そのあとは、味気ないお皿をぶつけていったん落として、クライマックスにもっていこう……といった体験の設計を最初に決めて、コースをつくっていく。

　だから、かっこつけていっているんじゃなくて、本当に、自分がつくりたい料理をつくっているわけじゃないんですよ。料理を通じて成し遂げたい目標があって、それをやりきるにはどうしたらいいかと、アイディアを考えて料理に落としこんでいく。そのくり返しです。

「おいしい」よりも「気持ちいい」

── 単純に味がいいかどうかだけではなくて、料理を通じた体験を意識している、ということですか。いつからそんなふうに考えるようになったのですか？

鳥羽：料理の道に入ったころに、あるシェフから「"おいしい"より、"気持ちいい"を大事にしろ」といわれたことがあるんです。そこからですかね。そのシェフ自身もふだんから、「おいしい」ではなく、「この酸味が気持ちいい」というようないいかたをしていました。実際にそうじゃないですか。ナポリタンに入っている玉ねぎのシャクシャク感も、その気持ちよさがあるからおいしいと感じるわけだし。

ただ、「食べる」体験は料理だけで決まるわけじゃありません。盛りつけとか、お皿のチョイスとか、お店の雰囲気とかといった見た目や環境はもちろん、水を飲もうとコップをもったときのもちやすさとか、カトラリーを手にしたときのなじみ具合とか、接客とか、いろんな小さな体験のかたまりです。ぼくはそのすべてに「気持ちいい」をうまく使いながら、「食べる」体験を最大化しようとしているんです。

―― 小さな「気持ちいい」を使って、大きな「気持ちいい」をデザインしているということですね。

鳥羽：ぼくはそう思っていますし、アイディアのベースも、その気持ちよさですね。課題の解決を考えるときは、気持ちのよさについての知識や情報を自分のなかから総動員します。
　発想力って、結局はインプットの量によって決まると思うんですよ。アイディアが直感だとしたら、必要なのは精度の高い直感です。それは降ってくるようなものじゃなくて、自分のなかのデータベースから、課題にぴったり合致する知識や情報をひろい出すことですから。
　たとえば、ぼくがやっている「パーラー大箸」という店で出している「ととのうプリン」は、プリン自体はすごく甘いのですが、かかっているカラメルはめちゃくちゃ苦くて、その落差で気持ちよ

パーラー大箸「ととのうプリン」

さをつくっています。

　このベースにあるのは、じつはショートケーキとコーヒーの関係性なんです。クリームたっぷりの甘いケーキを食べると、苦いコーヒーを飲みたくなりますよね。しかもそれはすごく気持ちがいい。自分のデータベースのなかから、その知識を引っぱり出してきて、プリンで再現しているんです。

　アイディアは、こんなふうにして、そのときの課題に必要なものを自分のデータベースから引っぱり出すことで生まれるもの。

だから、いちばん大事なのはインプットの量ですね。圧倒的なインプットがあると、やっぱりいい発想が生まれやすいので。

「なんとなく気持ちいい」で終わらない

―― でも、インプットを増やすのって、かんたんではないですよね。鳥羽さんの場合は、どうやってインプットしているのですか?

鳥羽:インプットの量を増やすために、人によっては本を読んだり、資料を調べたりする人もいますが、ぼくの場合は、日々の生活がそのままインプットになっています。

　たとえば、水を飲むにしても、丸みのある味だとか、ちょっと臭みがあるとか、舌ざわりがどうというようなことは全部意識しています。それだけじゃなく、コップの口当たりとか、もったときの重さの感じとか、置いてあるときの見えかたみたいなものも気にしますね。もちろん、食に関係のあるものだけじゃなくて、たまたまもった箱の角のかたちが気持ちよかったとか、置いてあった家具の素材の感じがよかったとか、日常のあらゆる体験を味わっています。そういうものを、片っぱしからどんどん頭のなかにストックしているんです。

―― とはいえ、ふつうはそういう日常の小さな体験のことは覚え

ていられないわけで……。なにかコツがあるのですか？

鳥羽：大切なのは、気持ちのいい体験をしたときに、「なんとなく気持ちいい」で終わらせないことだと思っています。なにかをしたり、なにかに触れたりして「気持ちいい」と感じたら、その理由を自分なりに分析する。

　たとえば、松屋のテイクアウトの牛丼は、すごく気持ちがいいんです。それを「気持ちいい」「おいしかった」で終わらせると、ただの感想ですけど、そこで一歩踏みこんで、なぜ気持ちがいいんだろうと理由を考えてみる。そこまでやって、ちゃんと自分なりの結論を出しておけば、記憶に残りやすくなります。

　ちなみに、松屋のテイクアウトの牛丼は、ごはんと具を別の容器に分けていることが大きいと思うんです。具のつゆがごはんに染みてぐちゃぐちゃにならないから、食べたときに気持ちがいい。たったこれだけのことでも、自分が弁当をつくるときには確実に生かせますよね。つゆが染みていたり、味うつりしていたりすると気持ちがわるいとわかるわけですから。

　実際に、うちで出している「ぜいたく弁当」にも、この知識が生かされています。ちらしとおかずの2段重、もしくはちらしだけの2パターンがあるのですが、おかずの重では、10種類以上の料理を詰めているのに、見た目の美しさを追求して仕切りを使っていません。

sio「ぜいたく弁当」

　だから、ふつうなら味うつりして、まずくなったりするのですが、
松屋のおかげもあって（笑）、それがどういう気持ちのわるさにな
るかを知っているから、工夫しています。ほかに味うつりさせた
くないもの、たとえばフォアグラのハンバーグなんかはキャベツ
でくるんでロールキャベツ仕立てにしたり、逆に味うつりを利用
して、新しい味わいが生まれるようにしたり……。

―― 牛丼のテイクアウトも食べるんですね。

鳥羽：料理はいろんなレンジのものを食べますよ。5万円のフレンチも食べれば、100円のおにぎりも食べます。マクドナルドのハンバーガーも、なかには馬鹿にする人もいますが、ぼくは最高だと思っています。すごく気持ちがいいので。そんなふうに全部フラットに見て、そのなかに気持ちのいいものを見つけては分析してストックしていくんです。

　ただ、ストックしたものを実際に使えるようになるには、もうひと手間あるとさらにいいと思っています。全部でなくてもいいのですが、とくに気になる「気持ちいい」については、自分なりに分析して、法則を見つけたら、それを試してみる。そうやって検証して、確信を得ることができると、その知識や情報は完全になじんで自分のものになりますよね。そこまで来ると、呼吸するみたいに使えます。

基本は「しゃべりながら考える」

―― 文章の世界でも、いい言葉に出あったらまず自分で使ってみる、そうすれば身につく、といいますが、それと同じですね。さっきおっしゃっていたデータベースの精度は、そうやって高められていくわけですか……。では、それを生かして、具体的なアイディ

アを考えるときはどうされるのですか？

鳥羽：基本はしゃべりながら考えますね。それも、会議室で頭を
つきあわせて……みたいなのは、ぼくはダメなので、たいていは
夜に散歩しながらです。マネージャーやスタッフと歩きながら、
あれはどうだろう、これはどうだろう、と思いつくことをどんど
ん口にしていきます。そうやって、自分のなかにあるデータベー
スから、そのときの課題の解決につながるものをさぐっていくん
です。

　そうこうするうちに、かならずキラリと光る手がかりのような
ものが見つかります。そうしたら、それをサッとつかまえて、さ
らに深く掘り下げたり、ふくらませたりしていく。いつもそんな
感じですね。

―― 鳥羽さんはコロナ禍で、レストランとしてはいちはやく弁当
のテイクアウトをはじめましたよね。しかもどれもよく考えられ
ていて、おいしいとすごく話題になっていましたが、あの弁当も
そうやって考えたのですか？

鳥羽：もちろん、そうです。たとえば、ぼくらが究極のジャンク
ちらしと呼んでいる「チキントーバーライス」なら、最初の課題は
「ごはんものの弁当をつくる」ことでした。

コロナ禍で弁当をはじめたときに、ぼくらはまずバインミーという ベトナムのサンドウィッチをつくったんです。おかげさまで、それはそれでいろんな人たちにすごくよろこんでもらえたのですが、でも、やっぱり弁当ですから、ごはんものの選択肢もあったほうがいい。じゃあ、どういう「ごはんもの」がいいだろうかと、マネージャーやスタッフと散歩しながら、あれこれ話しているなかで出てきたのが、ニューヨークの屋台で大人気のチキンオーバーライスでした。

　チキンオーバーライスは、トルコ発祥だといわれているのですが、いまやニューヨークの屋台飯の代名詞です。ひとつの料理のカテゴリといってもいいくらいに定着している。そのことを思い出して、ぼくらもどうせごはんものをつくるなら、そうやって新しいカテゴリになるくらいのものをつくろうと思ったんです。定番になるようなオレたちのライス。そのときは、それを「ウエハライス」としました。

── 鳥羽さんのお店「sio」がある代々木上原にちなんだ名前ということですね。

鳥羽：そうなんです。そういう代名詞的な料理をつくろう、というのが、さっきお話しした最初の手がかりです。

　それを見つけたら、つぎはかたちにしていく。どんなものなら、

sio「チキントーバーライス」

　オレたちのライスだろう、どんなものなら、定番になりうるだろうと、またあれこれ口に出しながら、自分のデータベースをさぐりながら考えて、最終的に落ち着いたのが、チキンオーバーライスとタコライスをかけ合わせた、いまの「チキントーバーライス」だったんです。

　といっても、ただかけ合わせただけではもちろんなくて、日本人が好きな甘塩っぱい味わいをベースに、20種類以上のパーツ（食

材やソース)を使って、スプーンを入れるたびに味が変わって、しかもいろんな味や食感が口のなかで楽しめるようになっている、完全にオリジナルな料理なんですけどね。

最悪の状況も含めて徹底的に想像する

―― 名前も「ウエハライス」から「チキントーバーライス」に変えたんですね。

鳥羽：そう、そこ、大事なんですよ(笑)。「ウエハライス」もいいのですが、それだとちょっとわかりづらいところがありますよね。でも、ベースに既存の料理(チキンオーバーライス)があることがわかれば、親しみをもってもらいやすくなります。「トーバー(鳥羽)」が入っているぶん、オリジナリティも出ますし。

　料理の名称以外にも、ぼくはキャッチフレーズみたいなものも大事にしているんです。チキントーバーライスだと「究極のジャンクちらし」ですが、こういうパワーワードがあると、興味をもってもらうきっかけになるし、体験の入り口をつくることができますから。それに、食べ終わったあとの満足感を裏づけることもできます。

　さっきお話しした「20種類以上のパーツ」という表現もそうです。この言葉があると、食べるときに自然とそこに意識が向きま

すよね。そのぶん、20種類の食材やソースをしっかりと堪能してもらいやすくなります。

── 最初に、いろんな小さな体験を使って食べるという体験の最大化をはかるとおっしゃっていましたが、そのなかには言葉も含まれているんですね。そうやって、具体的なお客さんの体験をつくっていくときは、そこで起こることをひとつひとつ、思い浮かべているのですか？

鳥羽：全部、徹底的に想像しますね。料理の味だけでなく、お皿の見えかたもそうだし、カトラリーの手ざわりとか、お客さんの目線とか、心理状態とか……。そこがつかめないと体験をつくれないので。

　そういう意味で、いちばん難しいのは、じつはテイクアウトの弁当なんです。お店で出す料理なら、つくったものをすぐ食べてもらえるし、タイミングもコントロールできます。あたたかい料理を口に入れたときの気持ちよさを際立たせるために、部屋の温度をわざと低くしておく、なんてこともできます。

　でも、テイクアウトされた弁当って、いつ食べられるかわからないんですよね。すぐ食べるかもしれないし、1時間後かもしれない。もしかしたら、5時間くらい経ってからかもしれない。

　その時点で食べてみて、冷たくてまずかったとお客さんが思っ

たとしたら、それがぼくらが提供した体験です。はやく食べないのがわるいとはいえないじゃないですか。

　だから、テイクアウトの弁当を考えるときは、いちばん最悪の状況を想定しています。何時間も経って、冷たくなってもおいしいとか、別のおかずの味がうつってもおいしいとか。スプーンしか使えそうにないなら、スプーンで食べるからこそおいしいと思える料理にしようとか。そうやって、あらゆることを想像しながら、料理を使って最高に気持ちがいい体験をつくっていくのが、ぼくらの仕事なんです。

　いろんな課題を解決しながら、食べる人が期待しているものを超えていきたいんですよね。どうせやるなら、料理を通じて人生でいちばんだ思ってもらえるような体験をつくりたい。ぼくのモチベーションは人によろこんでもらうことにしかないので。自分がやりたいかどうかなんて、本当にどうでもいいんです。誰かのためではないアイディアなんて、ぼくにはありえないですね。

05

問いかけのなかで
生まれるもの。

龍崎翔子

L&G GLOBAL BUSINESS, Inc.
ホテルプロデューサー

1996年生まれ。東京大学在学中の2015年にL&G GLOBAL BUSINESS, Inc.を設立し、取締役／ホテルプロデューサーに就任。「ソーシャルホテル」をコンセプトに掲げて、「petit-hotel #MELON 富良野」、「HOTEL SHE, KYOTO」をプロデュース。2017年には大阪・弁天町にアナログカルチャーをモチーフにした「HOTEL SHE, OSAKA」を開業。湯河原のCHILLな 温泉旅館「THE RYOKAN TOKYO YUGAWARA」、 北海道・層雲峡「HOTEL KUMOI」の運営も手がけている。2019年にはCHILLNNを創業。ホテルのD2Cプラットフォーム『CHILLNN』をリリースするなど、ホテル事業の可能性の拡張に取り組んでいる。

イメージするのは「5つの階層」

―― 龍崎さんが手がけておられるホテルは、どれも世界観がしっかりとしていて、それぞれにユニークだけれどもブレのない一貫性のようなものを感じます。プランニングの段階でそれだけきちんと考えられているということなのだろうな、と思ったのですが、どういう取り組みかたをされているのですか?

龍崎:ホテルをつくっていくときにいちばん悩むのは、やっぱりコンセプトをどこにもっていくかという部分です。私たちがやっている「HOTEL SHE, KYOTO」なら「最果ての旅のオアシス」がそれですが、方向性をつかんだうえで、ちゃんといい当てて言葉にするのは大変なので。「最果て……」も、言葉を見つけるだけで3か月くらいかかりました。

　でも、本当に大事なのは、その前のところではないかと思っています。「ロゴス(世界を構成する論理)」と私が呼んでいるもので、いってみれば思想の部分です。

　ホテル事業であれば、なんのためのホテルなのか、ホテルとしてどうありたいのか、というホテル観みたいなものですね。私たちでいえば、「ホテルとはメディアであって、人と人、人と街、人と文化が出あうための媒介である」「ライフスタイルを試着できる場所である」「地域の空気感を折りこんだ存在であるべきだ」「ホテ

HOTEL SHE, KYOTO

ルにはポジティブな予定不調和が必要だ」といったこと。もちろん
思想ですから、日々、問いかけを積み重ねるなかでできあがるも
のであって、ある瞬間にハッと思いつくようなものではないので
すが、そこがしっかりしていないと、ホテルの存在や活動のすべ
てが意味のないものになってしまいます。

　このロゴスを、ある条件のなかで実現するとこうなる、と方向
性をいい当てて概念化したものがコンセプト。そして、コンセプ
トを表現するトーン・アンド・マナー（空気感や世界観）がそのつ
ぎにあって、さらにそれを象徴するキラーコンテンツがあり、実

際に提供するコンテンツやサービスがある。ホテルをつくるとき
には、いつもこの5つの層をイメージしています。

── 発想の礎となるホテル観の部分は、日常的にかたちづくられ
ていて、いざホテルをつくるというときに、条件に応じてそれを
コンセプト化して、どんどん具体に落としていく……。

龍崎：そうですね。といっても、実際には、ホテル観にもとづい
てコンセプトを見つけて、そこからトーン・アンド・マナーを決
めて、キラーコンテンツをつくって……とかならずしも上から順
に考えていくわけではなくて、すごく表層的なところから着想す
ることもありますし、どこかひとつだけが後まわしになったりす
ることもあります。
　たとえば、2017年にオープンした「HOTEL SHE, OSAKA」の場
合なら、コンセプトやサービスはわりとはやくに決まったのです
が、キラーコンテンツが最後まで決まりませんでした。
　ホテルがある大阪の弁天町は、いわゆる港湾労働者が働いたり、
住んだりしてきた港町で、ストリートカルチャーがあります。ヒッ
プホップっぽいのとはちょっとちがうけれど、下町で、ハートフ
ルで叙情的。プランニングをしていくなかで、そんなコンクリー
トのはざまにある艶っぽさのようなものを感じ取ってはいたので
すが、それを象徴できるキラーコンテンツをなかなか見つけるこ

HOTEL SHE, OSAKA

とができなかったんです。

　もしかしてレコードがハマるんじゃないかなと思いついたのは、オープンの1か月前でした。ちょうどレコードブームのリバイバルが来そうだったということもありましたけど、なによりレコードがもっている懐古的で、工業製品なのにぬくもりがある感じが、弁天町の街の空気感にすごく合うなと思って。Spotifyで音楽が手軽に聴ける時代に、あえて手間をかけてレコードを聴くという感じもよくて、最後の最後にホテルのキラーコンテンツにしようと決めて、全室にレコードプレーヤーを置いたんです。

自分が本当に欲しいものをつくる

──お客さんの側からいえば、ホテルを選ぶことで、そこにある世界観を体験できるということですか。

龍崎：さっきも「ライフスタイルを試着できる場所である」というホテル観をもっているとお話ししましたが、人にとって大事なのは、選択できることだと私は思っています。たとえばグラスを買うにしても、それしかなくて、微妙だなと思いながらやむをえず買うのと、たくさんあるなかから、これが絶対にいいと思って買うのって納得度がちがいますよね。それに、なにかを選ぶ過程では、なぜこれを選ぶんだろうと考えたり、自分はこういうものが好き

なんだと確認したりしながら、自分への理解が深まっていったりもします。そうやって選択を重ねていくなかで、人は自分にフィットした場所にたどり着きやすくなるし、ハッピーになれると思うんです。

　そのためにはやっぱり選択肢が必要で、私自身もそれをつくりたいという思いがあってホテルづくりに取り組んでいるところがあります。実際、最近でこそ少しずつ変わってきていますが、ほんの少し前まではホテルって、どこに行っても同じようなのばかりで、あまり選択肢がなかったんです。消費者にしてみれば、けっして安い出費ではないのに。

—— それはわかる気がします。家庭のインテリアデザインでも「ホテルライク」なんて表現を使うくらいですから、なんとなくホテルとはこういうものだ、というステレオタイプな印象がありますよね。でも、どこにでもあるようなものにならず、意味のある選択肢をつくるにはどうすればいいのでしょうか？

龍崎：自分が本当に欲しいものをつくることだと私は考えています。たとえば、ホテルで朝食を出すにしても、世の中の一般論としていいとされているものを出すのと、ホテルの主が最高だと信じるものを出すのと、どちらが選択肢として魅力的かというと、後者です。一般的にいいといわれているものを提案しても新しい

選択肢にはならないし、運営者やつくり手がベストの提案を本気でめざすなら、そこに人格を反映させたほうがユニークで魅力的なものになると思うんです。

　ホテルのコンセプトもそうですね。「地域の空気感を折りこんだ存在であるべきだ」というホテル観をもっているとお話ししたように、私たちがホテルづくりに取り組むときは、その街らしさを手がかりにするのですが、街をどう解釈するかは、人それぞれでいいと思っています。街の解釈にたったひとつの正解があるわけじゃないし、街の姿を正しく表現するなんて誰にもできませんから。

　さっきお話しした大阪の弁天町にしても、そこに100年住んでいる一族の人が「弁天町はこういう街だ」と語ったとしても、それは弁天町に100年住んでいる一族が見た弁天町であって、弁天町のすべてとはいいきれません。10年住んでいる人、住みはじめたばかりの人、もっといえば外の人から見た弁天町もあっていいですよね。

「比較」のなかで個性をさぐる

── 実際にはどうやって街を解釈していくのですか？

龍崎：私たちの場合は、だいたい３つのやりかたで、その街らしさをさぐっていきます。そのうちのひとつは「比較」ですね。

そもそもの話でいうと、自分が何年も住んでいる街であっても、「街の個性はどこにありますか?」といきなり聞かれて、すぐに答えられる人って少ないと思うんです。でも、ほかの街と比べると、とらえやすくなります。

　たとえば、私たちが「THE RYOKAN TOKYO YUGAWARA」という温泉宿をやっている湯河原の街なら、まわりには熱海や箱根、伊東もありますし、少し離れて首都圏近郊の温泉地という観点で見れば、草津や鬼怒川もあります。そういう温泉街と比べたときに、湯河原はどうちがうのかということです。個性のちがいって、やっぱり比較することで際立つので。湯河原の場合は、そうやって見つけたのが「不倫旅行」というキーワードでした。

　となり駅の熱海と比べるととくにわかりやすいのですが、熱海には、宴会場を備えたいわゆる大箱の温泉旅館が多くて、街にも熱海銀座のような大通りもあります。社員旅行などの団体旅行で訪れる人が多い、どちらかといえばパブリックなイメージの温泉街です。

　それに対して湯河原は、全4室、すべて離れで客室露天風呂つき、1泊15万円、みたいな旅館が多い。要するに、家族や友だち、仕事仲間と行くところではないんです。不倫旅行みたいに、すごく個人的に、お忍びで行くところ。街には観光名所も少ないし、目抜き通りみたいなものもないのですが、それでいい。人に見られちゃいけないわけですから。

THE RYOKAN TOKYO YUGAWARA

　そういう個性の方向性が見えてきたら、なぜそうなのか、とい
う本質をつきつめて考えていきます。その過程で、その街らしさ
がつかめることが多いですね。

　いまの話でいえば、熱海が「ハレ」なら、湯河原は「ケ」の温泉街。
熱海では、部屋や宿を出て外にあるものを楽しみますが、湯河原
は部屋にこもります。人に会わないんです。実際に、湯河原では
かつての文豪が精神を病んで逗留したり、原稿を書くために缶詰
めになったりしているのですが、こうして考えてみれば、根っこ
が同じということもわかります。

「THE RYOKAN TOKYO YUGAWARA」をつくったときは、そこに湯河原の本質があると思ったので、いったん「湯ごもり」というキーワードでくくりました。ただ、「湯ごもり」だと言葉としてのキャッチーさに欠けるし、体験のよさをちゃんといい当てられていないので、最終的にはそこから「湯河原チルアウト」というコピーをつくってコンセプトにしてホテルを組み立てていきました。

「地名」にはそもそも個性が宿っている

―― 比較から入るのはたしかにわかりやすいですね。地域創生にも生かせそう……。2つめの個性のさぐりかたは、なんですか？

龍崎：「地名」を手がかりにします。地名はその土地の歴史だったり、地理事情だったりといったものからつけられていることも多いので、そもそも場所の個性を反映していることが少なくないんです。そこをきっかけにして、その街らしさを見つけていきます。
　わかりやすいところでいえば、私たちがやっている「HOTEL KUMOI」がある北海道の「層雲峡」。名前を聞くだけで、霞がかかったような情景が浮かびますよね。実際に層雲峡はそういう場所で、温泉街全体が大雪山国立公園のなかにあって、雲海や霧、滝のしぶきのおかげで、水墨画でえがかれている仙郷のような景色が楽しめます。

HOTEL KUMOI

　「HOTEL KUMOI」はもともとあった古い旅館をリノベーションしてつくったのですが、そのときもそこに注目しました。層雲峡らしい景色には、かならずといっていいほど水煙があることから、「Vapor（蒸気）」をコンセプトテーマにして、湯気や蒸気を意識したディナーメニューをつくったり、「シーシャ（水タバコ）」を導入したり……。ホテルとその土地はセットでとらえられることも少なくありませんから、こういうところは大切にしています。

　地名はホテル名の一部になることもあるので、ホテルにとっては本当に大事なんです。いってみればブランド名の一部ですから。

でも、もともと決まっているものだけに変えることができません。だからホテルをやるときは、商圏の大きさとか、アクセスのよさとかも気にしますが、できるだけ地名がきれいなところを選ぶようにもしています。

—— そういわれてみれば、たしかに最初にプロデュースを手がけられたホテルがある富良野も、先ほど例にあげていただいた弁天町もきれいな名前です。印象もいいですよね。では、街の個性をさぐる最後の方法はなんですか？

龍崎：これがいちばんの正攻法だと思うのですが、「街の歴史をひもとく」です。ウェブで検索したり、人に話を聞いたり、本を参考にしたりしながら、いろいろ調べて、その街の歴史をたどることで街の個性をさぐっていきます。

　いまお話にあった「HOTEL SHE, OSAKA」がある弁天町もこのパターンですね。大阪でいちばん最初に電車が走った地域だったとか、港湾労働者の生活圏だったとか、水運の街だった大阪の水上交通の要衝だったとか、そういうことを調べていくなかで、下町っぽさや、ハートフルなところ、艶っぽいところが見えてきたりしました。

—— 歴史をひもとくのが重要なのはよくわかるのですが、やりは

じめるとキリがないような気もします。実際には、どのくらい調べるのですか？

龍崎：私たちがホテルをつくるときに企画にかける時間は、だいたい半年くらいですから、学術的な調査のように深く掘り下げるわけではありません。毎日、地元の居酒屋にかよって、そこで交わされる会話に耳を傾ける、なんてこともしませんし……。

　でも、ウェブや本などを頼りに、基本的な情報はひととおり調べますし、地元の人やタクシーの運転手さんに話を聞いたり、古い旅館を引きつぐときは、もともとそこに働いていた人に、いいところだけでなくて、ネガティブなところを訊いたりもします。

　そうやって情報収集しているなかで、「あ、これだ」と思えるものが見つかれば、そこで終わりです。私たちがいいと思う「その街の解釈」がつかめれば十分なので。

事業のアイディアは「生まれてくるもの」

――いまお話をうかがってきたコンセプトもアイディアの一種ですが、龍崎さんはほかにもいろんなことに取り組んでおられますよね。ホテルのコンテンツもそうだし、イベントをつくったりもされている。そういうアイディアはどうやって考えるのですか？

龍崎：事業のアイディアは、出すというよりは生まれてくるもの、という実感があります。よくアイディアって、問題に直面したときに、それを解決するために頭をひねって考えるものだといわれますが、私の場合はそうではなくて、ふだんから自分がもっている「問い」に対して見つかったり、生まれたりすることが多いんです。

　そのためにも、私が大事にしているのは4つの視点での「問い」です。「消費者の視点」と「経営者の視点」、「メディアの視点」、それに「神の視点」。この4つの視点のすべてで課題を解決できるものこそが、本当にいいアイディアや企画だと思っています。

　実際の仕事でいえば、「THE RYOKAN TOKYO YUGAWARA」の「卒論執筆パック」や「大人の原稿執筆パック」がそうですね。

　卒論を書かなくてはいけない学生は、時間をとって集中してそれに取り組みたいと思っています。でも現実には、食事をつくったり、掃除をしたり、洗濯をしたりもしなければいけないし、同居している人がいると気が散ったりもして、そうもいかない。

　社会人だってそうです。文章を書いたり、いろんな創作に取り組んだりしたいのだけれど、やっぱり生活のわずらわしさがあって、自分の時間がなかなかつくれない。そういう人たちのために、宿にこもって集中して執筆などに取り組める宿泊プランをつくったんです。

　いまお話ししたように、このプランは、お客さんにとっての課

卒論執筆パック（日付、価格などの情報は2018年当時のもの）

題をきちんと解決しています。それが先ほどの4つの視点のひと
つめにあげた「消費者の視点」です。

　同時にこのプランは、宿にとっての経営課題も解決しています。
温泉宿って、春と秋にはお客さんが多いのですが、冬はそれほど
でもなかったりします。日常的なことでいえば、週末に来てくだ
さる方が多くて、平日はそんなに多くない、なんてこともある。
だから経営的には、冬にどうやってお客さんに来てもらうか、平

日にどうやってきてもらうか、という課題があるわけですが、それを解決できています。これが2つめの「経営者の視点」。

　3つめの「メディアの視点」は、世の中に広まるかどうか、です。そのためには、インフルエンサーも含めて、メディアの目で見て、伝えたいと思えるようなネタのホットさやおもしろさが欲しい。このプランはそこも満たしていて、実際にTwitterでもかなり多くの人たちに取り上げていただきました。

　最後の「神の視点」は、文化や社会といった目線からの課題の解決です。神というとちょっと大げさですが……。

　温泉って、もともと日本では、農家のおばさんが冬に湯治に行ったりするような、ふつうの人が訪れる場所だったんです。でも、バブルの崩壊後に、温泉業界が個人旅行にフォーカスして、高単価・高利益化にシフトしたことで、「温泉に行くこと＝ぜいたく」みたいなイメージができてしまいました。

　それって、日本の古きよき文化が失われつつあるということでもあるし、産業という面でも、じつは温泉のマーケットをせばめているという課題があるんです。「卒論執筆パック」や「おとなの原稿執筆パック」は、カジュアルな温泉体験を提供していますから、その解決にも貢献できています。

――「卒論執筆パック」は、たしかにかなりバズっていましたね。しかも、話題になっただけではなくて、そこまでいろんな課題の

解決につながっていたとは知りませんでした。

龍崎：世の中には、バズって話題になったけれど、事業としてうまくいっていないものもたくさんあります。でも、それではアイディアや企画として本質的ではないですよね。

　話題になることも大切ですが、ウケるだけじゃなくて、本当の意味で革新的でサステナブルであるには、多角的に、いろんな課題を解決できている必要があると思うんです。そう考えると、ただの思いつきではいいアイディアや企画にはならないだろうし、なにかの問題に直面してから、あわてて出すようなものでもない。やっぱり、ふだんからの自分の「問い」のなかで生まれるものなのだろうなと思いますね。

06

矛盾を魅力に
変える。

藤本壮介

藤本壮介建築設計事務所
建築家

1971年、北海道生まれ。東京大学工学部建築学科卒業。2000年、藤本壮介建築設計事務所を設立。若手建築家の登竜門「AR Awards」に2005年から3年連続で入賞。おもな仕事に「武蔵野美術大学美術館・図書館」(2010年)、「House NA」(2011年)、「サーペンタイン・ギャラリー・パビリオン2013」(2013年)、「L'Arbre blanc」(2019年)、「UNIQLO PARK横浜ベイサイド店」(2020年)、「マルホンまきあーとテラス」(2021年)などがある。2014年のモンペリエ国際設計競技最優秀賞をはじめ、2015年、2017年、2018年にもヨーロッパ各国の国際設計競技にて最優秀賞を受賞。「2025年日本国際博覧会(大阪・関西万博)」の会場デザインプロデューサー。

世界の複雑さに「耳を澄ます」

── 斬新なデザインで世界の注目を集めたモンペリエの集合住宅「L'Arbre blanc」をはじめ、アートホテルとして知られる「白井屋ホテル」、「マルホンまきあーとテラス」など、藤本さんが手がけられた建築はどれも美しくて、しかも独特のたたずまいがあります。同時に、どのお仕事にも人の根源的なところに訴えかけるような新しい提案があるとも感じているのですが、どのように思考を進めて、アイディアを考えられているのですか？

藤本：どんなプロジェクトに取り組むにしても大事にしているのは、まず"耳を澄ます"ことですね。これはかならずしも人の話を聞くというだけではなくて、いろんな環境や事情について、先入観をもたずに向きあっていくということです。

建築の仕事は、プロジェクトごとにロケーションもちがうし、場所がもっている歴史や文化などのバックグラウンドもちがいます。気候もちがえば、適用される法律がちがったりもする。予算も、クライアントの思いもさまざまです。だから、自分のなかからなにかを出していこうとするよりは、まずそういうものに耳を澄ませて、世界の複雑さを理解するところからはじめます。そこが最初のステップです。

そのうえで、用途もしくは機能性を問いなおすような作業をし

ます。たとえば住宅なら、リビングルームがあって、ベッドルームがあって……と、いきなりそこから入るのではなくて、枠組み自体を問いなおすんです。リビングルームをクライアントが求めているのだとしたら、それはなぜなのか、リビングルームとはそもそもなんなのか、というところに立ち戻って考えます。公共建築の場合なら、もっと一般化された要件になっていたりもしますが、仮に建築物のなかに劇場を含めたいという要望があるのなら、そこでどういうイベントをやろうとしているのか、劇場にどんな役割を求めているのか、劇場とはそもそもなんなのか、劇場が本当に必要なのか、というところから問いなおします。

── さまざまな要素について、「そもそも……」と、さかのぼっていくわけですか。

藤本：そうですね。ですから、どんどん問いなおしていくうちに、人が集まる場はどうあるべきなのかといったことに行きつきます。人間には、ひとりでいるときにこういう空間なら快適だと思えるものがあるわけですが、それをある程度担保しつつも、複数の人間がコミュニケーションをもちながら共存できる場所とはどういうものか、ということです。
　さらに、そこにいろんな条件がからんできます。このロケーションだとそれはこうなるとか、これからの時代だとこうなるとか。

当たり前のことですが、人が集まって意味がある場所は、環境や条件がちがえば異なるものになるはずですから。

　でも、なにもかもが変わってしまうわけではなくて、変わらないところもある。そういう本質のようなものをとらえつつ、現在から少し先までを見すえたときに、この場所はこういうものになるんじゃないかといえるなにかが現れてきます。ぼくの場合は、それが建築のアイディアです。

　ですから、なにがヒントになるかはわからないし、確固たる方法論があるわけでもないんです。哲学的というほどではないにせよ、とてもベーシックな部分について考えつつ、そのいっぽうですごく具体的に快適さを求めたりもします。だいたいいつも、そんなふうに抽象的な議論と具体的な議論を行ったり来たりしながら考えていきますね。

手当たりしだいにやってみる

—— モンペリエの「L'Arbre blanc」は、どんなふうに考えていったのですか？

藤本：あのプロジェクトのときは、クライアントからの「街の新しいランドマークがほしい」といった要望を含めて、いろいろと耳を澄ませてみてまずわかってきたのは、南フランス特有の気候やラ

イフスタイルが本当にすばらしいということでした。冬でも戸外でランチを楽しめるほど温暖な気候だし、地元の人たちも積極的に日光浴を楽しんだり、外で昼寝したり、仲間と話したりしています。それがモンペリエらしいライフスタイルであり、アイデンティティにもつながっていた。となると、集合住宅とはいえ、屋外のリビングスペースや外部テラスの存在は避けて通れません。

　ただ、外部テラスをつくるにしても、つくりかたはほぼ無限にあります。そこにアイディアが必要になるわけです。

　どう考えていくのかというと、ぼくらの場合はいつも、とにかく思いついたことを手当たりしだいにやってみます。外部テラスであれば、箱状の建物のある面だけに設置していくという方法もありますし、建物自体を階段状にして、各部屋に大きな外部テラスを割り当てていくこともできる。このときも、そういうアイディアをたくさん出して、すべて模型にしていきました。

　でも、決め手がなかったんですね。とくにぼくらが最終的に実現させることになる案は、最初は四角い建物の南側一面に外部テラスをたくさんつけたもので、なんだか歯ブラシみたいで（笑）、まったく魅力的ではなかったんです。

　だからいったんは外部テラスのことを脇において、別のことを考えていたのですが……、そうこうするうちに、まわりにある建物との関係性や敷地の状況もあって、四角い建物だとあまりしっくりこないということがわかってきた。それなら、どんなかたち

L'Arbre blanc

©Iwan Baan

L'Arbre blanc

ならしっくりくるのだろうと、またいろんな可能性をさぐってい
くなかで、既存の緑道や、周囲の建物からの眺望をさまたげない
ように……などと、ていねいに読み解いていくと、この丸みを帯
びたちょっと不思議なかたちの建物がふさわしいとわかってきま
した。

そう考えていたときに、たまたますぐそばに例の歯ブラシのよ
うな模型があったんですね。それを見て、丸みを帯びた建物の
まわり全部に外部テラスがついていたら、もっとやわらかくて、
もっと有機的なものになるんじゃないかと思い、実際に模型をつ
くってみたら、すごくインパクトのあるものができた。「L'Arbre
blanc」は、そうやって生まれたんです。

ただ、すごくいいとは思ったのですが、強烈なインパクトです
から、クライアントや街の人たちに受け入れられるかどうか、少
し心配してはいました。だから同時並行で別の案も検討してはい
ましたね。

――最終的にそのインパクトがある案を提案しようと心を決めた
のはどうしてですか?

藤本:ぼく自身は、単なる変わったものや奇抜なものをつくりた
いわけではないし、単なる正解をつくりたいわけでもありません。
できることなら、これからの時代のスタンダードになるものをつ

くりたいという思いがどこかにあるんです。

　そういう目で見たときに、最終的に選んだ案は、すごくシンプルだけれど、生活そのものをガラッと変えてくれるようなところがあります。建物の"建ちかた"自体は、なぜいままでこういうものがなかったのだろうと思うくらい単純です。でも、新しい発見に満ちていて、一度見たら忘れられない。かたちとして忘れられないだけでなく、そこに住んだら楽しそうだなというイメージとともに明確に記憶される。建築のスタイルのなかで、あるライフスタイルが現れてくるんです。そういうところに新しいスタンダードになりうる可能性と魅力を感じました。

アイディアの意味は遅れてわかってくる

──案のなかに、つぎのライフスタイルを見い出したんですね。

藤本：すべてというわけではなく、ある部分は予感としてですけどね。これはこのプロジェクトにかぎったことではないのですが、自分たちで出したアイディアではあっても、最初からそこにあるおもしろみや意味を全部把握できているわけではないんです。

　「L'Arbre blanc」の場合なら、かんたんにいえば、モンペリエは天気がすごくいいから外部テラスがあるといいよね、という視点から出てきたアイディアです。そこに建物の形状という要素が

合わさって有機的な魅力があることはわかった。ただ、その時点ではまだ２つの視点から見ただけです。そのアイディアがほかにどんな意味をもっているのかまではわかりません。

　でも、少しずつ時間をかけて、いろんな条件やいろんな視点から見ていくなかで、気づいていなかったおもしろみや意味がわかってきます。たとえば、たくさんつき出している外部テラスはリビングスペースとして使われるわけですから、当然、生活の様子が周囲の人たちにも見えます。だから、すごく開かれた集合住宅になるだろう、ということはもちろん設計の時点でわかっていました。

　ところが、建設が進んで現場に行ってみると、もっと別の意味というか、可能性というかがあることを感じたんですね。

　いままでの集合住宅は、プライバシーが最優先に考えられていて、できるだけほかの部屋の生活の様子が見えないようにつくられていました。でも、「L'Arbre blanc」では、実際に部屋の外部テラスに立つと、別の外部テラスが斜め上とか、斜め下とかにあって、空中に３次元的に浮かんでいるのが見えるんです。それが思っていた以上にいい距離感で、その気になれば、ほかの部屋の人たちとも会話ができるけれど、ふだんから互いを干渉しあうほどでもない。

　ぼく自身、現場でテラスに立ってみて、プライバシーとパブリックがほどよいバランスを保っていると感じました。20世紀とい

う時代は、効率とプライバシーを優先させて、それにあわせて最適化して集合住宅をつくったことで分断を生んだようなところもあったと思っているのですが、「L'Arbre blanc」ではプライバシーを守りつつも、ご近所関係のようなものが再構築される可能性があるということが、あとからわかってきたんです。

—— なるほど。出版の世界では「名著は読まれるなかで名著になる」という言葉があるのですが、建築でも同じことがいえそうですね。いまのお話は建設中のことでしたが、そこに人が住むようになってからわかってくることもあるのですか?

藤本：もちろんそれもあります。いずれにせよ、自分がやろうとしていたことの本質が遅れてはっきりしてくることがあるんです。そして、それによって自分の考えがアップデートされて、社会観が変わることもありますし、それ自体が新しいアイディアのタネになったりもします。

—— アイディアの価値や意味は、実践してみないとわからない?

藤本：アイディアとして考えた時点で、余白のようなものの存在を感じているようなところはあります。言語化したレベルですべてをわかっているわけではないだけで。予感のようなものはある

んです。

　もしかしたらもっと経験を積めば、最初の段階で見通せる部分が増えてくるのかもしれません。でも、それでもすべてがわかるということはないでしょうね。そういうこともあって、ぼくはいつも、自分が言語で考えているところの少し外側まで含みこむようなイメージをもちながら、アイディアというものをとらえるようにしています。

矛盾を包括できるか

—— 本当にいいアイディアは複数の課題を同時に解決しているということですか?

藤本：難しいところですが……、でも、アイディアを考えていくうえでは、相矛盾するものを包括しようとしているところはありますね。

　人間の生活には、そもそも矛盾したところがたくさんあります。でも、その矛盾を強引に切り捨てて建築物をつくってしまうと暴力的になってしまうし、多様な世界をわるい意味で単純化してしまうことにもなりかねません。分断を生むこともありえます。

　そういう意味でも理想的なのは、矛盾する事柄が同時に共存しながら調和している、楽しげに成り立っている状態なのではない

かと思うんです。といってもかんたんに実現できるわけではないのですが、でもそうなるように、アイディアには矛盾を包括できることを意識的に求めているところがぼくにはあります。

たとえば、2021年に竣工した「マルホンまきあーとテラス」に取り組んでいたときも、やはりそこのところを意識していました。

このプロジェクトは、東日本大震災で被災して解体せざるをえなかった石巻市の市民会館と文化センターの代わりに、博物館機能と劇場機能を備えた複合施設を新たにつくろうとしたもので、街の復興の象徴となるようなランドマークとしての期待もありました。ある意味、歴史的な背景の部分でとても重いものを背負っていたわけです。

ロケーションにしても、震災時の被災状況を考えて、津波が届かなかった少し内陸部に建設することが決まっていました。人びとの生活の真んなかというよりは、少し切り離されたところです。そこに新たに市民のみなさんのための場所をつくるとなったときに、どういう"建ちかた"がいいのか。すごく悩みました。

世の中を見まわしてみると、日本にはたくさんの公共施設がありますが、その多くにどこかたたずまいの似かよったところがあります。そういうものがこの場所に来るというのも、背景の重さを考えるとちがう気がする。とはいえ、変に奇抜なものをつくっても、浮いてしまっておかしなことになる。

だから、市民のみなさんにとって「なんとなく見たことがある感

マルホンまきあーとテラス

©Masaki Iwata+Sou Fujimoto Architects

じがするけれど見たことがない」と思えるような建物にしたいと考えました。昔の神殿のように、あるかたちを人びとのなかに同じように焼きつける暴力性をもつのではなく、やさしいのだけれど、ちゃんと記憶に残る。そういうものがいい。

　矛盾していますよね。でも、その両方を共存させる必要があると思ったんです。で、結局は、家のようなものを含めたいろんなかたちを組み合わせて、街のようにも見えるし、ひとつの建物のようにも見えるし、お城のようにも見えるという、ちょっと不思議な建築になりました。

機能主義的な整理を超えて

―― 矛盾を魅力に変えていくということですか……。

藤本：そうですね。矛盾とは、相反するものがいっしょにいるからうまくいかない、という状態じゃないですか。それを、相反するものがいっしょだからいい、といえるようにしたいんです。そうなると可能性が広がりますから。

　最初にお話しした「L'Arbre blanc」もそうです。あくまで結果的なものではありますが、外部テラスと建物の形状のアイディアによって、隣人とコミュニケーションを取りたいし、プライバシーも守りたいというある種の矛盾を包括した状態をつくることがで

きました。あの建築はコロナ禍で再評価されたのですが、それもきっと相反するものをうまく包括して、本質的なところでライフスタイルの提案ができていたからだと思っています。

—— 矛盾を見つけたら整理して片方を切り捨てるのではなく、包括できるようなアイディアを見つける。矛盾を魅力へと変えていく……。矛盾を手がかりに解決を本質的なものへと昇華させるということですね。

藤本：そこはまさに、これからの社会像にもリンクしているところだと思っています。
　社会が工業化して、効率を上げなければいけないという時代性もあって、20世紀の建築は、機能主義的な考えかたのもとでいろんなものを整理して扱ってきました。
　でも、じつは整理の前提としていた機能は、かなり大ざっぱなものだったりします。はたらく、休む、食べる、寝るなどと定義してみたところで、実際には曖昧な状態もあるわけですから。しかし、それをいっているとらちが明かないから、思いきって整理してしまおうというのが機能主義の基本的な考えかたでした。
　最初は、合理的だし、それでいいんだと思って、みんなそこで過ごしたり、住んだりしていた。でも、微妙なところが切り捨てられているわけですから、ちょっとずつ違和感や疑問が頭をもた

げてきた、というのがいまの時代なのではないかと思うんです。なんとなく部屋割りに合わせて住んではいるけれど、しっくりこないなと気づきはじめている、という……。そこには小さな矛盾がたくさんあるわけですが、それらをどう扱っていくかということが、これからの時代にはますます問われるようになっていくような気がします。

—— 建築は人の生活に直接かかわるものだけに、違和感の部分は如実に出てきそうですね。

藤本：だからこそ、建築はどこまでも人間に根ざしていなければいけないとぼくは思っています。やっぱり人間のための場所ですから。いくら論理的に正しい、哲学的にこうだ、といっても、そこで過ごす人間が快適でなければ意味がありません。そのためにも、世界がもっている矛盾を取りこんで共存させることのできるようなアイディアが必要なんだと思いますね。

第3章
アイディアの「論理」

伊藤直樹
PARTY

齋藤精一
Panoramatiks

三浦崇宏
The Breakthrough Company GO

07

創造はひとりの天才の
ものじゃない。

伊藤直樹

PARTY
CEO、クリエイティブディレクター

1971年、静岡県生まれ。早稲田大学卒業。W+K Tokyoを経て、2011年にクリエイティブとテクノロジーの力で未来の体験を社会にインストールするクリエイティブ集団「PARTY」を設立。現在はクリエイティブディレクターとCEOを兼務。『WIRED日本版』クリエイティブディレクター。「The Chain Museum」取締役。「Stadium Experiment」CEO。文化庁メディア芸術祭優秀賞、グッドデザイン賞金賞、カンヌライオンズ金賞など、国内外の広告・デザイン賞の受賞歴は250を超える。京都芸術大学情報デザイン学科教授。デジタルハリウッド大学客員教授。2023年4月開校予定の私立高等専門学校「神山まるごと高専」ではカリキュラムディレクターをつとめる。

問うべきは組織のクリエイティビティ

―― アート体験を刷新した「The Chain Museum」にしても、サッカーの観戦体験を変える「Stadium Experiment」にしても、仮想空間でのエンターテインメントの共体験を可能にしたヴァーチャルパークシステム「VARP」にしてもそうですが、PARTYもしくは伊藤さんが手がけているお仕事は、「見たことがない」というレベルで新しいものが多いと感じています。その創造性の源泉はどこにあるんだろうと、ずっと不思議に思っているのですが、どういう取り組みかた、考えかたをしているのですか？

伊藤：創造性、クリエイティビティというと、ひとりの人間の力の話のように思われることが多いのですが、いまは組織としてそれをとらえるべき時代に来ているんじゃないかと思うんです。

　たとえば、もし100年後に21世紀を振り返った歴史の教科書ができるとして、この時代のどういうつくり手がクローズアップされるのかというと、PIXARはまちがいなく選ばれますよね。「FORTNITE」をつくっているEpic Gamesも入るかもしれない。もしかしたら、チームラボも名前が載る可能性があります。こうして見てもわかるように、いまのつくり手の中心は集団なんです。ぼくらはいつのまにか、創造とはひとりの天才のものだと信じているようなところがありますが、実際はそうじゃない。

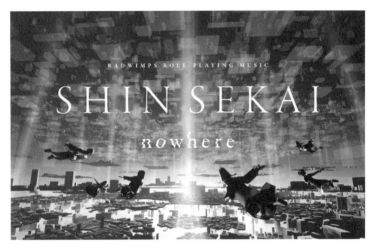

RADWIMPSのバーチャルライブ「SHIN SEKAI "nowhere"」

アーティストだって同じです。現代芸術家の村上隆さんにしても、彫刻家の名和晃平さんにしても集団制作です。漫画家だってそうですよね。ブランディングの都合で個人名のラベルが貼られていますが、みんな基本は集団です。

　ぼくらPARTYも同じスタンスで、どのプロジェクトにも原則として8人以上のメンバーで取り組んでいます。自分たちで開発した「VARP」を使って2021年にやったRADWIMPSのバーチャルライブ「SHIN SEKAI "nowhere"」だと20人以上かかわっていたりもしますね。そういう時代ですから、いま本当に問わなくてはいけないのは、集団として、組織としてのクリエイティビティなんじゃないかと思うんです。

チームに必要な「4つの領域」

──　いわれてみれば、たしかにそうですね。ある種のファクトリー機能をもっているつくり手や、クリエイター集団と名乗るグループも増えています。

伊藤：その組織としてのクリエイティビティをとらえる手がかりのひとつが、MIT（マサチューセッツ工科大学）のネリ・オックスマン教授が提唱している「Krebs Cycle of Creativity（創造性のクエン酸回路）」にあるとぼくは考えています。

オックスマン教授はクリエイティビティを「サイエンス」「エンジニアリング」「デザイン」「アート」の４つの領域に分けて図解して説明しています。そのうちの上半分の「アート」と「サイエンス」は世の中に対する認知、下半分の「デザイン」と「エンジニアリング」は制作を意味し、さらに「アート」と「デザイン」の左半分が文化性、「サイエンス」と「エンジニアリング」の右半分が自然性を意味するとしている。そして、この４つの領域を網羅できたときにクリエイティビティが最大化するとして、領域を越境することを推奨しているんです。

　この考えかたを発展させて、PARTYではクリエイティビティを４つの領域でとらえています。それが「言葉」と「数字」と「コード」と「ビジュアル」です。

　「言葉」はオックスマン教授のサイクルの「アート」にあたるもので、言語的に考える能力のこと。いわば問う力ですね。「数字」は「サイエンス」にあたるもので、世の中に起こっている現象を数値化して把握できる力のこと。経営もそうだし、プロデューサーもここの領域の人です。

　上半分を占めるこの２つは概念を扱う領域。で、下半分がいわば実装を担当する領域で、「コード」は「エンジニアリング」に相当するプログラミングなどの能力。「ビジュアル」は「デザイン」に相当するもので、ビジュアル表現の能力ですね。

　PARTYではクリエイティビティを最大化するために、かならず

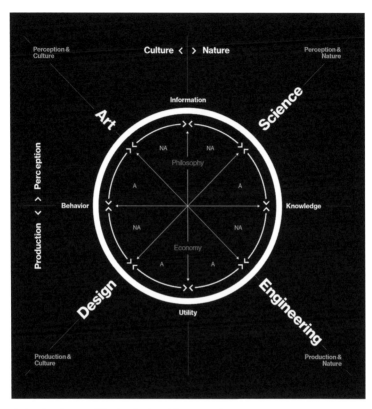

ネリ・オックスマン「Krebs Cycle of Creativity」

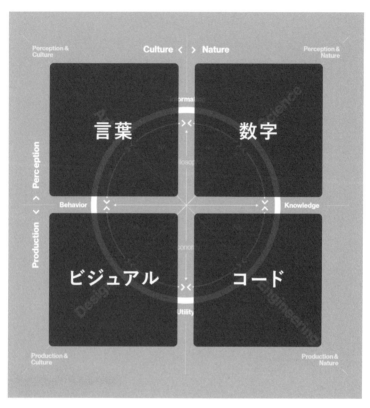

PARTYが提唱する「クリエイティビティの4領域」
（オックスマン教授の「Krebs Cycle of Creativity」にオーバーラップさせて表現）

この４つの領域を網羅するかたちでチームをつくります。基本は各領域に２人ずつ。だから、原則８人以上なんです。

──「言葉」「数字」「コード」「ビジュアル」の４つの領域が、いまのクリエイティブチームには必要だということですか？

伊藤：そうですね。いまの時代は、この４つのうちのどれが欠けてもつくるものとして不十分になりがちだし、ものごとのとらえかたの面でも抜けが出やすくなると思います。実際にいい仕事をしているチームは、意識しているかどうかは別として、だいたいこの４つの領域のエキスパートをそろえていますよね。

たとえば、PIXARにしても、髪の毛がサラッと揺れるようなすごいアニメーション表現をつくっていますが、ああいうものは、ただビジュアル表現に長けているだけではできません。デジタル技術、それもコンピュータによる演算が不可欠ですから、「コード」のエキスパートがいなくては実現できない。さらにストーリーとしておもしろいものにして、ビジネスとして成功させて……、ということになると、やっぱり４つの領域が必要になります。

それに、いまは世の中全体がビジュアルに重きをおくようになってきていますからね。InstagramやTikTok、このところ注目されてきているブイロガーもそうですが、コミュニケーションを媒介するものが言葉からビジュアルに移り変わってきています。そう

なると数字やコードを抜きには語れません。ほとんどがIoTでデータ化した数値を使って、デバイス上にコードを使って表現されるわけですから。やっぱり4つの領域を網羅することが大事ですね。

1.5 スキルを備えて越境する

―― プロジェクトごとの必要性に応じてそろえていくのではなく、もはや最初から基本体制として4つの領域を網羅しておくべきだ、と。

伊藤：そう考えています。とはいえ、4つの領域を網羅するだけでは十分とはいえないんです。「ただそろっているだけ」では、化学反応が起こらないので。オックスマン教授が領域の越境を重視したように、ここでもスキルの越境が必要です。

だからPARTYではメンバーたちに、自分の専門である本籍地の領域とは別に、ある程度は知っている「もうひとつの領域」をもつことをすすめています。1プラス0.5で、1.5スキルをもて、と。そうなると、共通言語をもつことができるので、領域間のコラボレーションが生まれやすくなるんです。

たとえば、プログラミングがすごく得意だったとしても、それだけだと単純にプログラムを生成するだけです。でも、ビジュアルのことが少しわかれば、そこのエキスパートと話すことができ

ますから、メディアアートのようなプログラミングを使った表現ができるようにもなります。

　ここ数年はとくに「デザイナーには言葉の力が必要だ」とよくいわれますが、あれも同じですね。言葉に強くなれば、ただビジュアル化するだけでなく、ビジュアルを効果的に生かせるようになりますから。

── 1.5スキルをもっている人が増えてくると、４つの領域の境目がなくなってくるということですね。そこでたくさんのコラボレーションが起こるなかで、おのずとクリエイティビティが高まってくる。

伊藤：そういうことです。本当は専門領域がひとつあるだけでもすごいことなんですけどね。とくに日本は高校までの美術教育にあまり力が注がれていませんから、絵が描けたり、デザインができたりするのは、かなり特殊な能力です。

　でも、その特殊な能力も、それだけだと生きないんです。だから、ぼくが教えている美大生たちにも、「なんとなくわかっている、というくらいでもいいから、別の領域に0.5だけ食いこめ」といつも話しています。デザインができるうえにプログラムがわかるとか、数字に強いとか。

　いまはこの４つの領域が必要なんだと話すと、全部できなきゃ

と思う人が出てくるのですが、3つとか、4つとかをめざす必要
はないんです。そもそも、それは無理なことなので。自分の専門
領域のほかは0.5でいいんですよ。そこがあると、チームにうまく
溶けこんで動けるようになります。

──「1.5スキルをもつことが大切」というのは、フリーランスで
個人として動く人にもあてはまりますか?

伊藤:原則は同じだと思います。まずは自分の本籍地となる領域
をひとつ決めて、それ以外にもうひとつ、0.5スキルの領域をもつ。
そうやって基本の備えをしつつ、自分以外の3つの領域の人たち
といっしょに組んで仕事をする。
　さっきもいいましたが、全部できる必要はないので、自分の専
門以外の領域はほかの人におぎなってもらおうという感覚をもつ
ことが大切ですね。

「すべてに通じる」クリエイティブディレクター

── クリエイティブチームに4つの領域のスキルを備えた人たち
が必要なのだとして、それを統括するクリエイティブディレクター
は、どういうポジションをとることになるのですか?

伊藤：どれの専門でもないけれど、どれもそれなりに知っている
のがクリエイティブディレクターでしょうね。実際にぼくがそう
です。コピーライターでもないし、デザイナーでもないし、プロ
グラマーでもないし、数字に特別長けているわけでもない。でも、
なんとなく全部に通じてはいる。クリエイティブディレクターは
４つの領域を融合させていくのが仕事ですから、すべての人と話
せなくてはいけないんです。

　昔でいえば、千利休の立ち位置に近いかもしれません。茶碗は
陶芸の職人に焼いてもらって、茶室は宮大工につくってもらって
……と、それぞれの専門家と話をしながらものをつくっていく。
そういう存在です。

—— すべてに通じている、というのは、なかなか高いハードルで
すね。

伊藤：たしかに大変かもしれませんね。ぼく自身でいえば、コピー
ライターではありませんが、もともと本が好きで、言葉の人では
あったんです。それに、子どものころに油絵をやっていたりして
いたこともあって、ビジュアルにもなじみがありました。あと、
経営者でもあるので、数字のことはそれなりに勉強してもいます。

　いちばんやっかいなのは、日進月歩で変わっていくコードなん
ですよね。日々、それを専門でやっていれば自然についていける

のでしょうが、片手間でちょっと勉強するくらいではすぐに置いていかれてしまう。だから、暇を見つけてはエンジニアに話を聞きまくっています。そのときやっていることを見せてもらったり、どうやったらそれができるのか、どんなソフトウェアを使っているのかと質問したり……。徹底的になんでも聞きます。いま最前線でどういうことが起こっているのかをなんとなくでも把握できているのは、そのおかげだと思いますね。

理想は「つくりかた」からつくる

—— ４つの領域を融合させていった先で、具体的にはどういうことを起こしていくのですか？

伊藤：融合の効果はいくつもあるのですが、なかでも大事なのは、企画と実装の一体化だと思っています。たとえば、ひと昔前の広告業界でいえば、広告代理店のクリエイターが企画して、制作会社がかたちにする、という構図が当たり前でしたよね。でも、そういう線の引きかたをしてしまうと、お互いのよさが生きないことが多いんです。企画する側は理想論で概念的に進めようとするし、実装側はかたちにすることに徹するから、どうしてもプロセスの面でも、意識の面でも、分断が生まれてしまう。
　本当にいいものって、つくりかたがわかっているから企画でき

るのだし、概念から考えるからつくれるわけじゃないですか。そういう意味で理想的なのは、つくりかたから考えられる、つくりかたからつくれるチームになることなんです。

—— つくりかたからつくれるようになると、アウトプットにどういう変化が生まれると？

伊藤：いちばん大きいは、いわゆる新しさにかかわる部分への影響でしょうね。PARTYでは、企画のよしあしを判断するものさしとして、「アイディア」「デザイン」「テック」「ビジネス」「バズ」という５つの指標をもうけているのですが、このうちの「アイディア」では、とくに「新規性」を問うようにしています。要するに、やろうとしていることが新しいものになっているかどうか、ということ。もっとも望ましいのは、もちろんこれまで誰も考えたことがないもの、誰もつくったことがないもので、ぼくはそのことを「誰もまだ家を建てていない空き地に新しい家を建てる」と表現しています。

　ただ、実際にはいろんなことがやりつくされていますから、そうかんたんに"空き地"は見つからないんです。でも、すでに建っている家を使うようなことは、絶対にしてはいけない。ちょっとリフォームするくらいでもよくない。となると、考えられるのは、古い家を壊して新しい家に建て替えることです。

いわば、上書きですね。結局、いまの時代にいい制作物とされ
ているもののほとんどは上書きなんです。鹿の剥製などをガラス
ビーズでおおった名和晃平さんの「PixCell」も上書きすることで
新しいものに変えているし、もっと時代をさかのぼっても、アン
ディー・ウォーホルの「キャンベルのスープ缶」もありふれたスー
プ缶を絵として描くことで新しいものに変えています。マルセル・
デュシャンの「泉」もそうですね。便器にサインを入れることで作
品に変えている。全部、上書きです。

　じゃあ、ぼくらのような仕事でどうやって上書きすればいいの
かというと、その手がかりのひとつがつくりかたを変えること
なんです。それをもっともうまくやっているチームのひとつが、
「FORTNITE」をつくっている Epic Games ですね。彼らはゲーム
をつくるために、「Unreal Engine」というゲーム開発のソフトウェ
アを自分たちでつくっています。ゲームの開発段階でそれを使っ
て、文字どおりの独自の開発をしているからこそ、どこにもない
ようなすばらしいビジュアルのゲームができるんです。

　まあ、彼らのようにゼロからソフトウェアを開発することはな
かなかできませんが、でも、道具を変えたり、プロセスを変えた
りしながら、つくりかたを変えたり、つくりかたをつくったりす
ることはできます。そういうなかで、見たことがないようなもの
が生まれてくるんです。

　よくいわれるように、語られるストーリーのかたちは古代から

同じです。そこにちがいを生む鍵を、いまはチームのクリエイティ
ビティがにぎっているということですね。

08

社会の理想像に
照らして考える。

齋藤精一

Panoramatiks 主宰
クリエイティブディレクター

1975年、神奈川県生まれ。建築デザインをコロンビア大学建築学科で学び、2000年からニューヨークで活動を開始。Arnell Groupにてクリエイティブ職にたずさわったのち、2003年の越後妻有アートトリエンナーレでのアーティスト選出を機に帰国。2006年、「ライゾマティクス」設立（現在のアブストラクトエンジン）。2016年より「Rhizomatiks Architecture」を主宰し、2020年には組織変更により「Panoramatiks」と改称。グッドデザイン賞審査委員副委員長（2018-2021年）。2020年ドバイ国際博覧会日本館クリエイティブアドバイザー。2025年日本国際博覧会（EXPO大阪2025）「People's Living Lab」クリエイター。

根っこにあるものはひとつ

—— 企業の仕事はもちろん、万博などの国家的プロジェクトにかかわったり、行政の案件に取り組んだり、地域の芸術祭をプロデュースしたりと、齋藤さんはまさに八面六臂の活動をされています。クリエイティブな発想やアイディアを武器に、そこまでいろんな領域で活躍できるのには、なにか秘訣のようなものがあるのですか？

齋藤：いまの時代は、本当にいろんなところでアイディアが必要になってきていますよね。実際に、私がたずさわっている仕事にしても、行政のプロジェクトもあれば、企業の案件もあるし、ブランドにかかわるものもあれば、仕組みづくりやものづくりに関するものもありますが、すべてにおいてアイディアが求められています。

　ただ、それぞれのケースで考えているアイディアが、まったく異質なものかといえば、そうでもありません。少なくとも私の場合は、もととなっている部分は同じだと思っています。いわゆるリゾーム（根茎）のイメージですが、私自身が日々の生活のなかで見聞きし、体験して考えてきたことがベースにあって、それがブランドや仕組みづくり、ものづくりの話になっているだけ。根っこにあるものはひとつだと感じています。

発想の出発点もほぼ同じで、「本当にこれでいいのかな」という違和感からはじまります。美術館の壁は本当に白でなくてはいけないのか、とか、夜に閉鎖している公共施設があれば、本当に夜に使わないほうがいいのかな、とか。そういうおとなの事情のようなものを問いなおして、ひとつひとつほぐしていくところに、私のアイディアの源泉があります。いいかたを変えると、掛けちがえていたボタンを掛けなおすとか、昔はそれでよかったけれど、いまは時代に合わなくなってきているものを新しく更新していくとか、ということですね。

――　どんな企画でも、いつも違和感を起点に考えはじめるのですか？

齋藤：ほとんどがそうです。たとえば、2019年に横須賀の猿島という無人島で「Sense Island ― 感覚の島 ― 暗闇の美術島」というアートイベントをプロデュースしたのですが、こうしたイベント関連の企画もやっぱり違和感からはじまっています。
　「Sense Island」の場合は「ライトアップ」がそれです。いまの時代は、どこもかしこもすぐにライトアップしますよね。そのことにずっと違和感がありました。
　ライトアップすると夜でも明るくなるし、施設などが美しく見える、といいたくなる気持ちはわかります。でも、ほとんどの場

Sense Island ― 感覚の島 ― 暗闇の美術島　　photo by Koichiro Kutsuna ©Sense Island 2019

合は、ライトアップしなければ困るわけではない。むしろエネル
ギーの節減という点で議論の余地はあるし、ライトアップしたこ
とで失われているよさもあったりします。それならライトアップ
せずに、あえて真っ暗な状態を体験するようにしてみたらどうだ
ろうと思ったのが出発点です。

　そうして実現したのが、ふだんは入れない夜の猿島を散策する
アートイベントでした。入り口でスマートフォンやケータイを袋
に入れて封印してもらって、街灯を消した暗闇のなかを、懐中電
灯を頼りに歩いていく。あちこちにアート作品を展示してあるの

ですが、目が慣れないとそれも見えてこない。でも、慣れてくると、「月ってこんなに明るかったのか」とか、「森ってこんなににおいがするんだ」とか、いろいろなことがわかってくる。そうやって、人間がもっている感覚や能力を再認識してもらう機会をつくりました。

違和感を手がかりにズレを指摘する

―― 最近はよく「常識を疑え」といわれますが、出発点となっている違和感は、それとはちがうのですか？

齋藤：積極的に常識を疑おうとしているというよりは、やはり違和感からはじまっているといったほうが近いですね。

　要は、もともと私のなかに、自分なりの普遍的正解のようなものがあるということだと思います。テクノロジーとはこうつきあうべきだとか、地域はこの先こうなっていくといいとか……。仕事の依頼を受けたときに、そういうものからなる自分なりの社会の理想像に照らして、ズレを指摘しているイメージです。

　だから、相談をいただいたり、ブリーフィングを受けたりしている時点で、わりとすぐになんらかのアイディアや手がかりは見つかります。逆にそこでなにも見つからないときは、けっこう苦労します（笑）。

―― 実感をごまかしたりせずに、きちんと見つめていくということですね。そのぶん、本質的な解決につながりやすい。

齋藤：そうですね。ただ、こういう提案を受け入れてもらえるようになったのは、あくまで最近のことです。私も含めてクリエイティブの人たちへの社会の認識がようやく変わってきたということだと思います。

　私は2018年からグッドデザイン賞の審査委員副委員長をさせていただいているのですが、デザインを取り巻く状況だけを見ても、かなりちがってきています。たとえば、ほんの10年くらい前までは経済や経営の話のなかに、デザインという言葉はあまり出てきませんでした。でも定義が拡張されてきて、モノだけでなく、取り組みなどの無形物をもデザインの対象とするようになったことでデザインのとらえかたが変わった。2020年に政府が掲げた日本の成長戦略のなかでも、デザインという言葉が使われるようになったくらいですから。

　そういう動きのなかで、デザイナーだけでなく、クリエイティブの人たちへの期待感が増してきているのは事実だと思います。おかげで、かつては「クリエイターはビジネスに口を出すな」といわれて、すでに下されたデシジョンメイクにしたがって動くしかなかったのが、さかのぼってデシジョンメイクに影響を与えたりすることができるようにもなってきています。

４つの違和感を解決した「MIND TRAIL」

―― となると、少し高い視座でものごとを考える必要も出てきそうですね。相談や依頼を受けて企画を考えるときは、どういう目線でとらえていくのですか？

齋藤：取り組む案件にもよりますから、一概にはいえませんが、かなり根源的なところ、いわゆる「そもそもの部分」を意識しています。それもひとつではなくて複数で、それらが合わさってひとつの企画になることもありますね。

　私の仕事でいえば、2020年10月に奈良県南東部の奥大和でやった「MIND TRAIL ―― 奥大和 心のなかの美術館」という芸術祭がわかりやすい例かもしれません。

　奈良県庁の担当者から最初に話をもらったのは2020年の春でした。奥大和には桜で有名な吉野があって、毎年、春になるとたくさんの観光客が訪れます。だいたいその時期に年間の収入の３分の１くらいを稼いでいたらしいのですが、ちょうど新型コロナウィルスが流行しはじめたこともあって、観光産業が落ちこんでしまった。その対策として、なにかできないかという相談でした。

　話を聞いて、まず思い浮かんだのは３つの違和感です。ひとつは芸術祭の体裁。この数年は一種のブームのように、いろんなところで芸術祭が開かれているのですが、イベント色が強くなって

いて、スタンプラリー化しているような印象が私にはありました。本当にそれでいいのか、という違和感がひとつ。

　２つめは、奈良県の見せかたです。奈良というと、だいたいは大仏が……という話になるのですが、調べてみると、じつは史跡名勝天然記念物の件数が日本でもっとも多かったりもして、ほかにもさまざまな魅力があります。妻の実家が奈良にあって、帰省したときにあちこち訪ねてみても、なんでもっとみんな来ないんだろうと思うくらい貴重なものがたくさんあるし、知られていない物語もまだまだある。街や地域のブランドといってもいいかもしれませんが、もっといい奈良の魅力の打ち出しかたがあるのではないか。そういう違和感です。

　最後は、観光のありかたです。さっきもお話ししたように、吉野は桜の時期に１年の３分の１を稼ぐというモデルをとっていましたが、そういう考えかたでいいのかということ。もっといえば、新たに芸術祭をやるのだとしても、それをやっているあいだだけ、たくさんの人が来ればいいのか。消費されてしまうような観光のありかたは、少しちがうのではないかと思ったんです。

　最終的には、企画を考えていくタイミングで全国に感染症予防対策の緊急事態宣言が発令され、県境をまたいだ移動の自粛が求められるようになったこともあって、本当に家に閉じこもっているしかないのか、という違和感も加わって４つになったのですが……、それらを手がかりに県の担当の人たちといっしょに何度も

MIND TRAIL — 奥大和 心のなかの美術館
公式ウェブサイト（2020年開催時）

ブレストしました。で、吉野町、天川村、曽爾村という奥大和の3つの地域の大自然のなかをそれぞれ3～5時間かけて歩き、点在するアート作品を鑑賞・体験するというかたちにしたわけです。

——「MIND TRAIL」は、4つの違和感をすべて解決しているわけですね。

齋藤：そうですね。とくに奈良の魅力を知ってもらうという点では、新しい提案ができたのではないかと思っています。世界がコ

MIND TRAIL —— 奥大和 心のなかの美術館
齋藤氏の作品「JIKU #006 YOSHINO」

photo by Yuta Togo

ロナ禍に見舞われたのは、パウル・クルッツェンが提唱した「人新世」が注目されたり、プラネタリーバウンダリー（地球の限界）が話題になったりしていたなかだったわけですが、そういう時代ならではの奈良の魅力のひとつは「内省する場所であること」だと思うんです。「MIND TRAIL」は、そこをしっかりと表現しています。

　それに私は、いま地域に必要なのは一過性ではなく、やりすぎではない「ちょうどいい観光」だと考えているのですが、この「MIND TRAIL」では、その可能性も示すことができたのではないかと思っています。

「ひとりよがり」にならないために

—— 違和感を解決するなかで、まさに齋藤さんのなかにある社会の理想像が実現されて、そこへの共感が生まれたということですか……。そう考えると、自分なりの理想像をもっておくことはやっぱり大事ですね。でも、理想像って、ひとりよがりになってしまったりしませんか？

齋藤：そこは気をつけなくてはいけないところですね。自分ひとりで社会の理想像をえがくとなると、どうしても経験がベースになるので、おっしゃるとおり、情緒的でひとりよがりなものになりがちです。もしくは、現在に注目しすぎても、半歩先の未来しか見えなくなって、視野がせまいものになってしまいます。とくにクリエイティブの人にありがちなのですが……、その理想像を押しつけてしまうと、「それはあなたの個人的な感覚でしょう」「みんなはそう思っていないよ」と受け入れられないことも出てきます。

　そうならないように、私の場合は、日ごろから総務省などが発表しているデータや研究機関のレポートなどを参考にするようにしています。テーマはいろいろですね。最近だと、自治体に関するデータだったり、海外のスマートシティの事例だったり、DX（デジタルトランスフォーメーション）だったり、SX（サステナビリティ

トランスフォーメーション）だったり……。

　漠然と未来像を思いえがくのも大切ですが、少子高齢化にしても、地方都市の人口減少にしても、10年後、20年後にどうなるということがすでにデータの面からわかっている部分もあります。そういうものを踏まえて考えていけば、思いえがく社会の理想像も、ひとりよがりなものではなく、みんなでめざすべきものになっていきやすくなります。

　それに研究機関などのレポートを読んでいると、こうあってほしいというイメージもかたまりやすい。たとえば、先日読んだあるレポートでは、日本が地方分散型を選んだ場合と、都市集中型を選んだ場合の両方のシナリオ分析がなされていました。どちらがいいという結論までは示されてなかったのですが、それを読んで私は「地方分散型のほうがいい」と思った。こういう考えがひとつできると、そこからさらに思考が広がっていきます。地方分散型ということは、経済と文化が両輪になるといいのかな、とか。とすれば、そこにサーキュラーエコノミーの概念が生かせるのではないか、とか……。その結果として、ゴミ問題はこうあるべきだ、文化はこうだと、自分がもっている社会の理想像がアップデートされて、より具体的になっていきます。

意識的に一部の人たちだけを対象にする

―― 客観的な裏づけがあることで、自分なりの社会の理想像に普遍性が備わるんですね。多くの人たちにとって受け入れやすいものになる。

齋藤：社会の理想像をつくっていくうえで、ひとりよがりにならないこと、みんながめざすものになることは大切ですが、ただ、企画に落としこむときはまたちがいます。私の場合はすべての人たちに受け入れられるものをめざすというよりはむしろ、意識的に一部の人たちだけを対象にしているようなところもあります。

　たとえば、先ほどの「MIND TRAIL」でいえば、5時間も歩くというと、面倒だとか、億劫だとかという人も出てきます。そういう人たちをなんとか口説いて、来てくれるように仕向けよう、とは思っていないんです。

　とくに芸術祭の場合は、体験前と体験後を比べたときに、意識が少しでも変わったり、なにかの気づきがあったりしてほしい。どうしてもゆずれない部分が出てきますから、そこを感じ取ってくれる人、理解してくれる人に来てほしいという話にならざるをえない。

　ですから、「MIND TRAIL」の開催前は「誰も来ないんじゃないか」「失敗する」という声もあったんです。でも、ふたを開けてみ

ると、予想した以上に大勢の人たちが来てくださって……。参加者に感想を聞くと、私たちが期待した気づきを体験した人たちだけでなく、想像以上のものを得て帰った人たちもいました。そこから人づてに魅力が広まって、今度は「MIND TRAIL」という新しいフォーマットを取り巻く大きな輪が生まれつつもあります。つまりは、来てほしい人を明確にしたことで、かえって企画の強さが際立ったんです。

　最近は社会でインクルーシブ（包括的）という考えかたが重視されていることもあって、とにかくすべての人を含めよう、対象にしようという風潮があるのですが、最初からそこにこだわりすぎると大切なものを損なってしまうこともあると思います。だから、初期段階からすべての人を対象にしようとするのではなく、まずは訴えかけようとする事柄に関心がある人や理解がある人たちを巻きこむところからはじめる。そのうえで少しずつ輪を広げて、最終的に全員が包括されるというやりかた、つまりは結果的にインクルーシブになるほうが望ましいのではないかと私は考えています。そうでないと、いまの時代に本当に新しいものを生み出すのは難しいでしょうね。

09

変化と挑戦を提供する
合理的な提案。

三浦崇宏

The Breakthrough Company GO
PR ／クリエイティブディレクター

1983年、東京生まれ。早稲田大学第一文学部卒業。博報堂、TBWA\HAKUHODOを経て、2017年に独立。社会のあらゆる変化と挑戦にコミットすることをミッションに「The Breakthrough Company GO」を設立。現在はクリエイティブ領域の知見を軸に新規事業開発やスタートアップのブランディング、政策支援活動にも取り組んでいる。日本PR大賞、Campaign ASIA Young Achiever of the Year、カンヌライオンズ ゴールド、ACC TOKYO CREATIVITY AWARDS イノベーション部門グランプリなど受賞多数。著書に『言語化力 言葉にできれば人生は変わる』、『超クリエイティブ「発想」×「実装」で現実を動かす』などがある。「表現を作るのではなく、現象を創るのが仕事」が信条。

オリエンの場では「自分に質問しつづける」

―― GOは「事業クリエイティブ」として、コミュニケーション領域だけでなく、クライアントの事業全体に対して企画を提供するスタンスをとっていますよね。そのぶん、活躍も多領域にわたっていて、いろんな種類のアイディアが必要になると思うのですが、それぞれの案件にはどんなふうに取り組んでいくのですか?

三浦：「変化と挑戦のパートナー」と打ち出していることもあって、いまGOには広告やプロモーション、ブランディングだけでなく、業態変化や新規事業の開発など、いろんな依頼があります。でも、どんな案件でも、クライアントからのオリエンテーションを聞いている段階で、だいたいやるべきことの手がかりはつかめます。

　オリエンの場では、クライアントの話を聞きながら、ずっとぼくはいくつかの質問を自分に投げかけています。それに答えていくなかで、やるべきこと、提案すべきことの方向性、つまりはアイディアのもとが浮き彫りになってくるんです。

　投げかける質問はいくつかあるのですが、基本的にいつも同じです。「toBだったら、toCで儲けるやりかたはなにか」「toCだったら、toBで儲けるやりかたはなにか」「いちばん成長できるパートナーはどこか」「単価を2倍から5倍、10倍に上げるにはどうしたらいいのか」「顧客をリピートさせるしくみはつくれないか」「現

状の顧客に対して、本当の顧客は誰か」「現状の市場に対して、本当の市場はどこか」「現状の競合に対して、本当の競合はなにか」「ぜんぜん別の業界からもって来れるケースはないか」「100倍成長したら、社会はどう変わるか」の10個。そのすべてについて、つぎつぎと脳内で、高速で考えていきます。

たとえば、相談を受ける商品が、瞑想アプリという瞑想をうながすアプリだとして、「toCだったら、toBで儲けるやりかたはなにか」という質問を投げかけてみる。そこから、ストレス管理は経営の重要課題のひとつだから、企業の福利厚生に導入できるかもしれないな、と思いついたりします。

あるいは「いちばん成長できるパートナーはどこか」という質問から、ユーキャンのような社会人の習いごとを扱っている企業と組めると考えついたり、「現状の市場に対して、本当の市場はどこか」という質問から、いまはリラグゼーションを対象としているけれど、じつは自己啓発本を買う人たちがターゲットなのかもしれないと気づいたり……。クライアントの話を聞きながら、そうやって脳内で質問をつぎつぎと投げかけて、自分で解いていくんです。そのなかで提案すべき企画の方向性がいくつか出てきます。

── チェックリストではなくて、「問いのリスト」があるということですか。事業だけでなく、コミュニケーションの課題にも同じ質問をあてはめていくのですか?

三浦：そうですね。2021年10月にローンチしたファミリーマートのプライベートブランド商品のリブランディング企画を提案したときも、まさにいまお話しした自分への質問のなかで大きな方向性を見つけました。「現状の競合に対して、本当の競合はなにか」という問いかけをきっかけに、トップチェーン対その他数社ととらえられがちなコンビニ業界の構図を変えることができるのではないか、と気づいたんです。

　コンビニ業界は、シェア第1位のセブン-イレブンを数社が追うかたちでしのぎをけずり合っているわけですが、そのままだとファミリーマートの存在感は高まりづらい。だったら「2強の構図」をつくればいいんじゃないかと思ったんですよ。コカ・コーラとペプシもそうだし、早稲田大学と慶應義塾大学もそうだし、広告業界なら電通と博報堂を意味する「電博」という言葉もそうですが、2強の構図になると急に存在感が出てきます。市場にはまるでその2者しかいないようにすら思えてくる。王者であるセブン-イレブンに徹底的に対抗するという戦略をとっていけば、ファミリーマートは2強の片方として強く意識されるようになるはずです。

「格闘家的感覚」で確かめる

―― 生活者目線でみるという人はよくいますが、それともまたちがう目線ですね。

負けていたのは、イメージでした。

関東在住の100人に聞きました。
どちらのコンビニのハンバーグがおいしいと思いますか？　■業界1位の会社　■ファミマ

イメージ	88%	12%
試食後の感想	44%	56%

内容：パウチ型同価格帯商品でのブラインドテスト　調査数：関東一都三県在住者166人　実施日：2021年9月11日(土)　対象：主要コンビニ月1回以上利用者の惣菜(ハンバーグ)月1回以上購入　調査会社：株式会社アスマーク

たとえば、「どちらのコンビニのハンバーグがおいしいと思いますか？」というアンケート（関東在住100人に聞きました）では、私たちファミリーマートの商品は、業界1位の会社に勝てません。しかし、上のグラフを見てください。どちらのコンビニかを伏せて食べ比べていただくと、なんと「ファミマのハンバーグがおいしい」という方が同じくらいいらしたのです。（もちろん、商品や地域によっては、同等でないものもあるかもしれません。）実際以上に「おいしい」イメージが少ないのは、私たち自身の伝える努力が足りなかったと反省しております。この10月から、ファミマのプライベートブランドは「ファミマル」としてリニューアル。「おいしい◎うれしい◎ あんしん◎」をキーワードに、すべての商品の品質や安全性を再確認し、ますます商品力を上げて、業界トップを目指します。このチャレンジは、ファミマのためだけではありません。お客さまにとって身近なコンビニという場所が、「おいしい・うれしい・あんしん」な買い物の代名詞になっていく。おうちで過ごすことが増え、コンビニの役割が高まっているいま、このチャレンジが日本を幸せにすると、私たちは信じています。さあ、まずは食べてみてください。きっとイメージが変わりますよ。**チャレンジするほうのコンビニ！FamilyMart**

ファミマの新しいプライベートブランド

◎ **ファミマル はじまる。**

おいしい◎うれしい◎あんしん◎

ファミリーマート／プライベートブランドのリブランディング広告（新聞）

三浦：生活者目線ももちろん含まれているとは思うのですが、た
しかにそれだけではないですね。経営者目線のようで、経営者目
線だけでもない。とはいえ、さっき並べた質問はどれも、経営者
ならどこかで考えていることではあると思うんですよ。

　ただ、ふだんこんなふうに網羅的に分析するように考えること
はあまりないでしょうし、なにより外からの目線ってもちにくい。
経営者にせよ、事業担当者にせよ、企業のなかにいるとどうして
も組織内とか、業界内の目線になりがちですから。ぼくが自分に
投げかけている質問は、そうではない外の目線を意識しつつ、そ
の企業なり、商品なりを見つめなおすものといってもいいかもし
れませんね。

―― おそらく、自分への質問に答えていくなかで、アイディアや
企画のもとのようなものがたくさん出てくるのだろうと思うので
すが、それをどうやって精査していくのですか？

三浦：クライアントとの対話のなかで確認しつつ、しぼりこんで
いくことが多いですね。経営者と話す場合なら、顔色を見て反応
をたしかめます。そこはクリエイターというよりは格闘家的な感
覚です。ぼくは昔、柔道をやっていたのですが、試合でもふだん
の練習でも、相手の強さって組んだ瞬間にわかるんですよ。それ
と同じで、ちょっとでも顔をつきあわせて対話すれば、相手の思

考はけっこうつかめます。

　たとえば、「いまはtoCでやっているこの事業を、toBでやる手もありますよね」と話を振れば、相手がそれをポジティブに感じているか、それともネガティブに感じているかはだいたいわかります。顔色とか、身体の動きの端々に出ますから。そういうものをちゃんとつかまえて感じ取って、相手がなにを望んでいるのかという本当のところを見きわめていくんです。

　いわば問診みたいなものですが、そうやってクライアントの反応を見てあれこれさぐりつつ、なんとなく解決の糸口のようなものをつかんだら、それをもち帰ってしばらくは寝かせます。いったん目をそらせるんです。とはいえ、どこかで気にしてはいるので、日常生活やほかの仕事のなかでいろいろと新たなヒントを見つけたりもするのですが、でもそれを急いでまとめようとはしないで脳のなかに散らばらせておく。発酵するのを待っているような状態です。

　で、ころあいを見て、考えをまとめるための作業時間を設定します。そこで頭のなかにあるものを書き出して、メモにまとめていく。設定する時間はだいたい3時間ですが、やると決めた以上は集中して、かならずその枠のなかで終わらせるようにしています。

大切なのは「Catalyst for change」

—— そのメモには、なにか手順のようなものはあるのですか?

三浦:メモには企画を考えていく順に項目がつけてあって、それ
を埋めながら考えをまとめていきます。

　まず「対象商品」はなにか。つぎに「Goal」、つまりはそのプロ
ジェクトで達成すべき目標。それから「Vision」です。クライアン
トである企業やブランドがあるべき姿はどういうものかというこ
と。さっきファミリーマートのプライベートブランドのリブランディ
ングの案件としてお話しした「2強の構図」はここの話ですね。そ
のあとは「Fact」、すなわちその企業やブランドにとって武器にな
る事実と、着目すべき社会の変化を書き出す「Moment」。それ
から顧客の心情を意味する「Insight」とつづいて、「Catalyst for
change」という項目が来ます。「Catalyst」は、直訳すると「触媒」
ですが、いわゆるコンセプトにあたるもので、ぼくは変化のきっ
かけになる考えかたと位置づけています。

　で、そのあとは、企画を成功させる条件をまとめる「Rule」、が
あって、具体的なブランドのありかたやクリエイティブ、プロ
モーションの具体策についてまとめる「Action」へとつづいていく
……。

　A4サイズのドキュメントにしてだいたい4枚くらいになること

■（プロジェクト名）

【対象商品】

【GOAL】（プロジェクトで達成すべき目標）

【Vision】（企業/ブランドのあるべき姿）

【Fact】（武器になる企業/ブランドの事実）

【Moment】（着目すべき社会の変化）

【Insight】（顧客の心情）

【Catalyst for change】（変化のきっかけになる考え方）

【Rule】（この企画が成功する内外の条件）

【Action】（実際のブランドの活動）

三浦氏が企画をまとめる際に用いているメモのフォーマット

が多いのですが、企画書はこのメモをもとにつくります。ただ、細かなことは書いていないんですよ。いわゆる企画の骨子の部分だけ。「桃太郎」の物語でいえば、「桃から生まれた少年が、犬と猿と雉を仲間にして鬼を倒す」くらいのことです。その先はチームで集まって議論しながら考えていきます。

── その「企画の骨子の部分」が、三浦さんがおもにひとりで担当するアイディアということですね。それをチームで具体化していく。そのメモの項目のなかで、とくに大切なものをあげるとしたら、どれですか？

三浦：やっぱり「Vision」と「Catalyst for change」でしょうね。なかでも大事なのは「Catalyst for change」、つまりはコンセプトだと思っています。コンセプトにはいろんな定義をあてる人がいますが、ぼくは「AからBに状態を変える矢印のこと」だと考えています。ぼくのところに相談に来たということは、きっとその企業なり、ブランドにはうまくいっていないところがある。それをうまくいかせるきっかけになる考えかたのことです。

　さっきのファミリーマートのプライベートブランドのリブランディングでいえば、「ファミリークオリティ」がそれです。このときの企画のメモには「Fact」の欄に「『ファミリー』と言う名前」と書いてあるのですが、コンビニチェーンのなかでも「ファミリー」

という言葉をもっているのはファミリーマートだけ。要するに、コロナ禍の影響などで家族や家での食事への関心が高まっている時代に、家族にもっとも寄りそえるコンビニになれる可能性があるということです。

　もちろん、これは個人を意識しているであろうセブン-イレブンに対抗するという戦略にのっとったものでもあるのですが、「ファミリークオリティ」というコンセプトを置くことでそれがはっきりしてきます。商品企画も「ファミリークオリティとして適切か」という目でチェックできるし、パッケージデザインひとつをとっても、たとえばアレルギー表示がわかりづらいと「ファミリークオリティとして十分とはいえない」と判断できたりします。

　当然、いろんなコミュニケーションも変わっていきますよね。ステートメントや広告クリエイティブも「ファミリークオリティ」を伝えるためのものになるし、クライアントの日々の仕事にもその目線は浸透していきます。コンセプトがしっかりしていると、あらゆる企業活動の基準が変わってくるんです。

すぐれたコンセプトの3条件

── となると、コンセプトのクオリティがすごく重要になってきますよね。よしあしのポイントはどこに？

ファミリーマート／新プライベートブランド「ファミマル」CM

三浦：ぼくはすぐれたコンセプトは３つの条件を満たしていると思っています。そのひとつは、企業やブランドが起こしたい変化に対して忠実であること。売り上げを伸ばしたいとか、知名度を上げたいとか、企業やブランドには、そもそもめざしたい変化があるわけですよね。大切なのはその変化を生み出して実現することですから、それっぽい絵空ごとではいけない。変化に直結している必要があります。

　２つめは、すべてのレイヤーの行動変化に貢献できること。変化を生み出したとしても、それが部分的だと意味がない。だから、あらゆるレイヤーへの影響を意識する必要があります。クライア

ントの社員がそれで変われるのか。製造部門は変わるのか。広告が変わるか。経営者は変わるか……と、すべてのレイヤーの行動変化につながっていることが理想です。

　3つめは、それにふれた人がワクワクするか。正しいことは大事ですが、正しいだけじゃ、実際に人が動くというところにまではいきません。ワクワクしないものに人は反応しないし、実際に行動も起こさない。そういう意味でワクワクさせられるものになっているか。

　こういう視点からまず自分でコンセプトを吟味したうえで、本当に機能するのかどうかをさらに検証します。そのやりかたはいくつかあるのですが、ひとつはクライアント企業や商品のターゲットになると思われる、うちの社員と話すことです。どう思う？と率直に訊いて反応を見ます。もしくは、クライアントの経営者や担当者に訊くこともありますね。御社の変化についてぼくはこう考えているのですが、可能性とリアリティを感じますか、と。コンセプトにとって可能性とリアリティはすごく大事なんです。すげぇいいけど、できないよね、ではダメなわけですから。

自分の直感だけだとまちがうこともある

―― もっと強引に進めていくのかなと思っていたのですが、けっこうしっかりと人に話を聞くんですね。

三浦：いや、ぼくはすごくかたよった人間なので……（笑）。東京の港区からほとんど出ないし、電車も乗らないし、38歳で独身で子どももいない。経験していないことが多すぎるんです。それに、そのときどきの社会課題を考えるにはいろんな専門知識が必要ですが、ちゃんとそれをフォローできていないかもしれないし……。顧客目線も、専門家の視点も、どちらも十分とはいいきれない。ほうっておくと理屈屋になってしまうんですよね。だから、意識的に答え合わせをしなければいけないと思っています。

　実際に自分の直感だけでアイディアを考えて、苦い思いをしたことが何度かあるんですよ。たとえば2019年に、雑誌『SPUR』（集英社）の創刊30周年キャンペーンにかかわったときもそうでした。当時の編集長から、美の多様性を表現していきたいという相談を受けて、渋谷で生理用ナプキンを配布するというアイディアを考えたんです。このときはコンセプトよりも"出目"のほうを先に思いついたのですが……、生理用ナプキンはまさに女性を象徴するもの。しかも、ふだんは隠している人も多いだけに、それを表に出して配るという行為は、女性の味方であるという宣言になります。そういう思惑のもとで、ぼくが考えたのが「ごきげんよう」というコンセプトでした。要するに、機嫌よく生きていきましょう、ということです。

　そのころはフェニミズムやジェンダー論への意識が高まってきていたところで、SNSでもすごく論争が多かったんです。いわば

女性のありかた、生きかたが、わりとシビアに問われていた。でも、そういう大変な状況でも、すごくかわいらしい生理用ナプキンが無料で配られたら気分はいいだろうし、機嫌よく生きていける。いろいろあるけど、まずは自分自身が機嫌よく生きていくことがいちばん大切ですよね、という意味で「ごきげんよう」。発想もまっすぐで、自分でもけっこういい案だなと思ったんです。

　ところが編集長に話したら、「三浦さん、それはぜんぜんちがいます」といわれました。「男性だからわからないと思いますけど、生理のときに機嫌よくなんて生きていけません。機嫌がわるいときはどうしてもあるんですよ。だって、本当につらいんだから」と。

　それを聞いてすごく反省しましたね。やっぱり、自分の直感だけだとまちがうこともあるな、と。で、女性のコピーライターといっしょに考えなおして、最終的につくったのが「JUST BE YOURSELF. 時代はいつもあなたから変わる。」というメッセージでした。これまでみんなが隠してきた生理用ナプキンを、渋谷の街にピールオフ広告（ポスターにグッズなどを貼りつけておいて、自由にはがしてもっていってもらう広告）として堂々と表に出す。女の子たちは、それを自分の意志でもっていくことができる。そのあなたの一歩から時代は変わるんだよ、というメッセージです。

　こういう経験もあるので、専門家や当事者に意見を聞くことはすごく大事にしているんです。

『SPUR』創刊30周年キャンペーンの様子

—— たしかに誰かに聞けばわかるのに、そうしなかったせいで失敗することってありますよね。ただ、アイディアにかかわる仕事は主観も大事にしなければいけないから、そこのバランスが難しい。「意識的に答え合わせ」という表現はいいえて妙、です。

　それにしても、いまの話は広告でしたが、案件への向きあいかたは、本当にニュートラルですね。広告の仕事も、事業にかかわる仕事も、取り組みかたが変わらない。

三浦：入りかたはまったく同じですね。というよりも、広告の仕

事とそのほかの仕事とを区別していない、といったほうがいいかもしれません。広告は広告として考えるべきだという人もいますが、そもそもの話でいえば、経営者が求めているのはCMをつくることではないはずなんです。もっと利益を出すことを求めているわけで。

　そう考えたときに、本当にやるべきことはなんなのか。最初にお話しした10個の質問は、そのための問いなんです。そして、それを実行するには、どんな取り組みをすべきで、そこに広告は必要なのか。必要なら、それはどんな広告なのか。そういう順序でぼくらは考えています。広告をやるのだとしても、広告のための広告じゃなくて、経営や事業にちゃんと根ざした合理的な広告を提案したい。

　もっといえば、メディアを使ったコミュニケーションだけでは、解決できない課題が増えてきているということでもあります。より本質的で、多層的な取り組みが必要になってきている。そんななかでクリエイティブとはなにかといえば、CMをつくることでも、デザインをつくることでもない。目の前にいる人の感情やちょっと先の未来を想像して、それをきっかけに企業や商品の新しい可能性を創造することだと思うんです。いまクリエイターに求められているのは、そこだとぼくは思っています。

第4章
アイディアの「姿勢」

篠原誠

篠原誠事務所

川田十夢

AR 三兄弟

明石ガクト

ONE MEDIA

10

アイディアの量で
勝負する。

篠原誠

篠原誠事務所
クリエイティブディレクター

1972年生まれ。三重県津市美杉村（現在の美杉町）出身。一橋
大学商学部卒業。1995年に電通に入社。コピーライター、CM
プランナー、クリエイティブディレクターとして数々の広告
キャンペーンを手がける。2018年に独立して篠原誠事務所を
設立。おもな仕事には、au「三太郎」、家庭教師のトライ「教え
てトライさん」、トヨタイムズ、花王アタックゼロ、UQモバイ
ルなど。CMソングとして作詞した桐谷健太の「海の声」や、AI
の「みんながみんな英雄」は、2016年のNHK紅白歌合戦でも
歌われた。クリエイター・オブ・ザ・イヤー賞をはじめ、カン
ヌライオンズ ブロンズ、アドフェストゴールド、ACCグラン
プリ、TCCグランプリ、ADC賞など受賞多数。

人の何倍も考える

—— 昔話の主人公たちを「あたらしい英雄」としたauの「三太郎シリーズ」やUQモバイルの「三姉妹シリーズ」など、篠原さんは広告のヒットメーカーとして知られています。そのうえ、2015年にはクリエイター・オブ・ザ・イヤーも受賞されていて、まさに広告界の"英雄"的存在ですが、若いころからアイディアを考えたりするのは得意だったのですか？

篠原：いや、得意じゃなかったですね。そもそもぼくは広告クリエイティブ志望ではなかったんです。大学時代はマーケティングにすごく興味があって、経営学者の竹内弘高先生（現・ハーバード大学経営大学院教授、一橋大学名誉教授）のゼミに入っていました。で、たくさんの企業のマーケティングにかかわるような仕事につきたいと思ったから、広告代理店の営業を志望したんです。でも電通に入ってみたら、配属は営業局ではなく、クリエイティブ局。いまとなってはこっちでよかったのだと思っていますけど、そのときはビックリしましたね。クリエイティブ局って、美大出身の人が行くところだと思っていましたから、自分なんかにできる仕事なのだろうかとものすごく戸惑いました。クリエイティブのことはなにひとつ知りませんでしたし、そもそも自分にその才能があるとも思えなかったんです。

そんなですから、最初は試行錯誤の連続でした。右脳を使ったほうがおもしろいアイディアが浮かぶんじゃないかと思って、右利きなのに左手でご飯を食べてみたり、歩きながら考えたほうがいいという話を聞いて、オフィスをひとりでウロウロしたり……。コピーライターの基礎力は言葉だから言葉をちゃんと覚えようと、辞書を「あ」から順番に読んで、読み終わったページを食べたりもしましたね。そうしたら発想力がつくんじゃないかと本気で思っていたんです。いまから思うと馬鹿みたいな話ですが、なんとかして自分の能力を通用するものにしようと必死でした。水泳選手が少しでもタイムを縮めたいと思って体毛を剃ったりするのと同じような気持ちで、アイディアの発想につながりそうなことを、思いつくかぎりなんでもやりました。

　でも、そうこうするうちに、この業界で活躍する人は天才ばかりじゃない、ということがわかってきたんです。努力とか、工夫とかで、あるところまではいける。だったら、とにかくアイディアの量で勝負しよう、と思ったんですね。それ以来、人の何倍も考えることだけを心がけています。

――相当な試行錯誤ですね……。人の何倍もって、どのくらい考えるのですか?

篠原：許されている時間のかぎり考えます。締め切りまでは、ずっ

と考えていますね。そういうやりかたしか、ぼくにはできないので。

　ただ、野球は３回しか空振りできないルールですが、広告のアイディアは、クライアントに提案する前なら何回空振りしてもいいじゃないですか。３回しか案出ししてはいけない、という仕事じゃありませんから。たくさんバットを振って、当たったものだけを取り出して勝負すればいい。だから、打率はぜんぜんよくなくてもいいから、とにかくバットを振る。ぼくの場合は、それが基本スタンスです。

「５つのジャンプ」を意識する

―― たしかに案出しの回数に制限はないですね。誰よりもたくさん案出しして、そのなかからいいものだけを拾い上げていけば、いい結果につながるというのもうなずけます。とはいえ、やみくもに考えるわけにもいかないと思うのですが、具体的には、どんなふうに案出しに取り組んでいくのですか？

篠原：広告の企画には、アイディアがジャンプするポイントが５つあると思っています。そのすべてでジャンプしなくても、ひとつでもジャンプできればおもしろくなる。そんな５つのポイントに沿ってアイディアを考えていきます。

　そのひとつが「こうなったらいいな」。自分が考えた企画や自分

がつくった広告によって、クライアントの企業や商品がいまいるところからこういう場所に行ったらいいな、こういう存在になったらいいな、という行き先を考えるジャンプポイントです。こう話すと「売れる存在になればいいということですね」といわれたりするのですが、ここで考えるのはそのひとつ手前の姿ですね。売れるために、世の中からこう思われたらいいな、という部分。それを考えます。

　たとえば、2015年から展開しているauの「三太郎シリーズ」の広告を企画したときでいえば、auというブランドに対してぼくが「こうなったらいいな」と考えたのは「おもカワイイ（おもしろくてカワイイ）存在」でした。当時、auは好感度を上げる、つまりはどう好かれるかが課題のひとつだったのですが、ちょうどそのころ、世の中では「おもカワイイ」人があちこちで人気になっていたんです。じゃあ、競合社のイメージはどうだったかというと、ざっくりいえばNTTドコモは「信頼と安心」で、ソフトバンクは「とがっていておもしろい」で、「おもカワイイ」のポジションは空いていた。だったらと「こうなったらいいな」に「おもカワイイ」を設定しようと考えました。

　こんなふうに、案件ごとに「こうなったらいいな」を最初に考えます。ただ、それを決めたら、いったん置いておく。いつ活躍するかというと、たくさん考えたアイディアをふるいにかけるときです。考えたアイディアのうち、設定した「こうなったらいいな」

au／テレビCM「あたらしい英雄」篇

に連れていってくれる可能性が高いのはどれか、と判断するのに
使います。

正攻法を離れて正攻法に変化を与える

—— そのあとは、どうするのですか？

篠原：つぎに考えるのは、正攻法のアイディアの出しかたの部分で、
「なにをいうか」と「どういうか」。いわゆる「what to say」と「how

to say」です。

　でも、「なにをいうか」と「どういうか」を掘り下げているだけだと限界があるんですよね。そんなに発想も広がらないから、アイディアの量を出すのも難しい。そこに揺さぶりをかけていくのが、残りの２つのポイントです。

　そのひとつは「どういうやりかたをするか」。CMをやるという前提でアイディアを考えてきたけれど、それを全部ポスターの駅貼りでやったらどうなるだろう、デジタルだけにしたらどうだろう、イベントとラジオの組み合わせにしてみたらどうだろうと、やりかたを変えることでいろんな可能性を考えていく。

　そこで、ものすごくいいアイディアが見つかれば、やりかた自体を変えるのはアリです。ただ実際には、視点を変えて考えたことによるフィードバックを生かすことのほうが多いですね。それまで「なにをいうか」と「どういうか」を考えてきた脳に「どういうやりかたをするか」を考えさせることで発想が広がるんです。そのあとでもう一度「なにをいうか」と「どういうか」に戻って考えると、前には思いつかなかったような新しいアイディアが生まれたりします。

　UQモバイルの「三人姉妹シリーズ」の企画のときもそうでした。顧客が加入する鍵をにぎる量販店の店頭での展開を意識して、広告を全部グラフィックでやったらどうなるかと考えたことで、出演者がほとんど動かないポスターのようなCM映像にしてみると

いうアイディアが浮かんだんです。そうすれば、CMを見た人が店に行ったときに見つけやすくなりますから。

　ちょっとしたことですが、こういうアイディアって、「なにをいうか」と「どういうか」を考えているだけではなかなか出てきません。いったん脳に別の課題を与えたからこそ、見つけられるものなんです。

「無理やりな条件」を課してみる

——「なにをいうか」と「どういうか」をいったん離れて考えるから「なにをいうか」と「どういうか」が変わる。なるほど……。では、最後のひとつは？

篠原：「ディテール」です。ぼくは「先っちょジャンプ」と呼んでいるのですが、CMのワンカットでタレントさんがいう言葉や、状況設定といったレベルで考えていきます。1990年代の終わりごろに「桃の天然水」という飲料水のCMで、出演していた華原朋美さんの「ヒューヒュー」というセリフが話題になったことがあったのですが、そういうところを考えていく。もしくは、思いつきでディテールに条件を課したりもします。

　仮に、国内産で無農薬のトマトを使っているトマトジュースの広告を企画するのだとしたら、ふつうにいくと、「what to say」は

無農薬のことをいったほうがいいなとか、国内産だとわかりづらいから、ちゃんと長野県産といおうとか考えますよね。そのうえで、じゃあ、「how to say」は……という話になる。でも、さっきもお話ししたとおり、正攻法だけだとそんなに発想は広がらないし、アイディアの数も出ません。

　こういうときに、たとえば、CMの主役を看護師さんにしよう、と勝手に決めるんです。単なるその場の思いつきですから、看護師さんとトマトジュースにはなんのつながりもない。いってみれば、無理やりの設定です。でも不思議なもので、無理やりなものでも条件として課すと、脳はなにかしらアイディアを見つけるんですよ。自由に考えようと思っているとなかなか浮かばないのですが、足かせをつけると思い浮かぶんですよね。

　もちろん登場人物の設定でなくても、「逆にいうと」というセリフをどこかに入れる、みたいなことでもかまいませんし、このタレントさんに出てもらおうといったことでもかまいません。そうやってディテールに条件を課すことで、それまで出なかったアイディアが出るようになるんです。

── その"無理やりな条件"は、いったいどこから出てくるのですか？

篠原：本当に思いつきです。そのときの流行とか、目の前にたま

たまあったものとか。だから、無数に考えられるんですよ。

　でも、すごいのはその先です。いったんそうやって思いつきで課した条件をもとになにかを見つけると、脳の動きが変わるんです。まだまだ考える余地があるということに脳が気づくのかもしれませんが、ディテールであれこれ考えたあとに、もう一度、「なにをいうか」から考えなおすと、またちがったアイディアが浮かびます。

　こんなふうにして、広告の企画を考えるときは基本的に「なにをいうか」から考える正攻法で取り組んでいくのですが、それでアイディアが出なくなって行きづまったら、「どういうやりかたをするか」や「ディテール」を考えます。で、そこでなにかを見つけたら、もう１回「なにをいうか」に戻って……ということを何度もくり返していきます。

　「なにをいうか」と「どういうか」だけだと、なかなかおもしろいアイディアは出ないし、とくにぼくのように量で勝負しようとしている人には限界がある。でも、変化をつけながら、脳を解放すれば、アイディアの量を増やすことができるんです。

「こうなったらいいな」でふるいにかける

―― そうやって考えて増やしたアイディアを、最後はふるいにかけていくわけですね。

篠原：そうですね。いよいよ締め切りが迫ったら、「こうなったらいいな」の出番です。考えてきたアイディアのなかから、最初に設定した「こうなったらいいな」を叶えてくれそうなものを残して、それをクライアントに提案します。

　さっきお話ししたauの「三太郎シリーズ」も、もちろんそうやって選びました。もともとクライアントから求められていたのは、「あたらしい自由。au」というスローガンにあわせた企業広告の提案で、「既成概念を超えたり、壊したりして、新しい価値を生み出すこと」がテーマだったんです。じゃあ、みんなにわかりやすい既成概念ってなんだろう、と考えたときに思いついたのが、昔話でした。それを分解したり、再構築したりすれば、既成概念を超えた自由、つまりは「あたらしい自由」を表現することができるはず……。そう考えて、昔話の主人公たちの性格を変えたり、友だちにしたりしたのが、あの企画です。

　でも、そのときはあれだけを考えたわけではなくて、糸電話をモチーフにした企画をはじめ、ほかにもおもしろそうなものがいろいろありました。そのなかで「こうなったらいいな」で設定した「おもカワイイ」を叶えてくれそうな企画はどれかと考えたときに、いちばんハマっていたのが「三太郎シリーズ」だったんですね。

―― 世の中で「おもカワイイ」が求められているということは、どうやってつかんだのですか？

かぐや姫
kagu-chan

au／テレビCM「桃太郎とかぐや姫」篇

篠原：基本は肌感覚です。当時はテレビを観ていても、ツッコミどころのあるようなかわいげのあるお笑い芸人が売れていたりもしましたし、ちょっとした集まりに行っても、人の輪の中心にいるのは、えらい人でも賢い人でもなく、おもしろくてカワイイ人だったりしたんです。

そうやって「人気のある人」を見ていくと、世の中の人たちの「好き」をとらえやすいんですよね。人気って理屈じゃないので。

とくにいまの若い人たちは、スペックや機能差で商品を選ぶ、ぼくらのような中高年とはちがって、好きか、嫌いかで商品を選んだりします。理屈じゃなくて、なんとなく好きで選ぶんです。

でも、考えてみれば、「なんとなく好き」で選ばれるって最強なんですよ。選んでもらおうとする側からすると、根拠がないみたいですごく不安なのですが、もし選んでもらえたら、それ以上のことはありませんから。

ということもあって、世の中の人たちがどんなものを好きと思っているかは、いつも気にしています。とくに、ぼくらが訴えかけるのはマスですから、いわゆるボリュームゾーンの人たちが、そのときなにを好きなのかということは、かなり意識して見ていますね。広告の仕事は、やっぱり広く告げることなので。

東京を無視して、東京以外で考える

—— どんなふうに世の中の「好き」をつかまえるのですか？

篠原：心がけていることのひとつは、東京を無視することです。東京以外で考える。

　東京はやっぱり特別なんですよ。いわゆるマスは東京じゃない。そもそも人口も1400万人くらいだから、日本全体の11パーセント程度です。ボリュームとしても大きくありません。

　それに東京は先っちょなんですよね。人気があるタレントにしても、東京はそのほかの地域と比べるとちょっとちがいます。やっぱり流行のいちばん先なんです。ただ、先っちょはかっこいいのだけど、狭い。だから、東京の基準で考えるとマスをつかまえにくい。

　メディアの環境だってそうです。みんながもっている24時間のうち、どのメディアがどれだけ取っているのかという話題が出ると、よくテレビの割合がどんどん小さくなっているといわれますが、あれも東京とそれ以外ではけっこう差があると思っています。東京ほどいろんな娯楽があって、いろんな時間の使いかたの選択肢がある都市はありませんから。そんな特殊なところと、娯楽が少ない地方とをいっしょにして考えるわけにはいきませんよね。

　だから世の中をさわる、マスをつかまえるということを考える

ときは、かならずぼくは東京以外をターゲットとして意識するようにしています。

　といっても、これはあくまでアイディアの判断に使う「こうなったらいいな」の話で、「なにをいうか」「どういうか」などでたくさんのアイディアを出しているときには、そんなことは考えていませんが……。

―― 田舎を見るということではなくて、東京以外を見るということですね。たしかに東京は特別ですよね。その「東京以外を見る」ときにイメージされる地域はあるのですか？

篠原：ぼくは三重県の出身なので、実家の兄弟や、高校時代の友だちを想像して考えます。みんなはなにをおもしろいと思うだろうかとか、どんなことに注目しているだろうかとか。街でなにかを見たり、テレビを観ていて気になるものがあったときも、みんながこれを見て笑うかなとか、意味がわかるだろうかとか、考えたりもしますね。

　もっとも彼らとはそう頻繁に顔を合わせるわけじゃなくて、年に１回会うか、会わないかくらいですが、会ったときの会話のスピード感や雰囲気、考えかた、なにを大事に思っているかといったことは忘れないようにしています。

　結局、イマジネーションも大事なんですよね。広告の企画を考

えるとなると、クリエイティビティばかりが注目されるのですが、それだけだと投げかけたものを受けとってもらえません。もちろんクリエイティビティも重要なのだけど、イマジネーションがないと広告のアイディアとしては足りないんです。

　やっぱり広告にとって大切なのは受けとってもらうことですから。そういう意味では、広告はつくる側のものじゃないといえるかもしれません。

11

ジャンルをまたいで解釈できる
「ものさし」を見つけたい。

川田十夢

AR 三兄弟（長男）
開発者

1976年、熊本県生まれ。1999年、ミシンメーカーに入社。面接時に書いた「未来の履歴書」どおり、全世界で機能する部品発注システムやミシンとネットをつなぐ特許技術発案などをすべて実現し、2009年に独立。やまだかつてない開発ユニット「AR三兄弟」の長男として活動開始。AR（拡張現実）技術を駆使したプロダクトやエンターテインメントの企画・開発・設計にたずさわり、劇場からプラネタリウム、百貨店、芸能・芸術にいたるまで多岐にわたる拡張に取り組む。『TV Bros.』の連載をまとめた書籍『拡張現実的』を2020年に刊行。毎週金曜日20時から放送中のJ-WAVE『INNOVATION WORLD』のナビゲーターであり、通りすがりの天才。

頼まれる前に考えてある

—— ビジネス用途でAR（拡張現実）を使う人はたくさんいますが、ARの専門家として表現のためにARを駆使しているのは、川田さんくらい。まさにジャンルを背負っている人という印象です。しかもいつも最先端の技術を使っていて、つくる作品も独創的で……。なにをどう考えたらこうなるんだろうと、すごく気になっているのですが、どんなふうにアイディアを出しているのですか？

川田：ぼくの場合は、アイディアの考えかたとか、作法とかといえるようなものはとくにないです。でも仕事を頼まれたりすると、だいたいすぐにアイディアは出ます。といっても、頼まれてから考えているというよりは、頼まれる前にすでに考えてあることが多いのですが……。そもそもぼくは、ふだんからいろんなことに勝手に興味をもっていて、いつもあれこれ頭のなかで考えています。テレビを観ていても、このシーンはこうしたほうがおもしろくなるんじゃないかと思いをめぐらせていますし、お店にいても、この空間をこう使ってみたいなと妄想したり……。そうやって日常生活のなかで考えたり、想像をふくらませたりして、やってみたいと思っていることがたくさん自分のなかにストックされています。なにかを頼まれたときには、そこからアイディアをあてはめていっているようなところがありますね。

——ふだん生活しているなかで、やってみたい、実現したいと思ったものがアイディアになっている、ということですか。

川田：もちろん、やってみたいと思ったとしても、すぐに実現できないものもたくさんあります。たとえば、ぼくはドラえもんのひみつ道具が大好きで、うちにある『ドラえもん最新ひみつ道具大事典』には、いつかつくってみたい道具にたくさん付箋がつけてあるのですが、いまの技術で実現できるもの、できないもの、ありますよね。でも、AIやARの技術が更新されるたびに、そういうなかに、できそうなものが思い出したように出てくる。だから、アイディアを考えるとか生み出すという以前に、やりたいことがどんどん増えていて……。すでに順番待ちが起こっている状態なんです（笑）。

——日常生活のなかで、そんなにあれこれ考えているのですか？

川田：日常的にいろいろ考えているのは、ずっと昔からですね。たとえば、雨が降ったあとに道路に水たまりができますが、子どものころは、そこに映っている空があまりにきれいだったので、どうやったら家にもって帰って部屋の壁に飾れるだろうかと考えたりしていました。実際に水たまりのまわりの土を削って運ぼうともしたのですが、当たり前ですけど、うまくいくはずがない。

でもいまなら AR の技術を使えば、そこに映っている風景ごと切り取って部屋の壁に貼りつけることもできるじゃないですか。

　水たまりには、なぜだかすごく興味があって、ほかにもいろんなことを考えたり、そこから学んだりしています。ひとりでよく見ていたので、光の屈折や反射といった現象も水たまりで理解しましたし、水たまりで泳いでみたいとか、その上でなにかしたいとか、いろいろ想像しました。

　そうやって考えたことをベースのアイディアとして、2020年につくったが『水たまりのバレリーナ』という AR 作品です。当時、新型コロナウィルスが大流行したことで、バレリーナが劇場で踊れなくなっているという話を聞いて、それは大変だろうな、と思った。機会損失の最たるもの。なんとか踊る機会をつくれないかなと。じゃあ、どこで踊れるのかというと、バレリーナといえば白鳥の湖ですから、ぼくのなかで特別なステージでもある水たまりがいいんじゃないか。で、実際にバレリーナの演技を立体記録して、AR を使って水たまりの上でそれを見せるデモをつくったんです。これがメチャクチャ美しい。

好きなものを観察しつづける

── なるほど。そうやって「やってみたい」がアイディアとして実現されていくわけですね。たしかに、最初におっしゃっていたよ

水たまりのバレリーナ

うに、頼まれるより先に考えてありますね。それにしても、どうして水たまりにそこまで興味があったのですか？

川田：単純に好き。でも、自分はなにが好きか、なぜそれが好きなのかって、すごく大事だと思います。好きだから、ずっと見ていられるのだし、あれこれ考えたり、想像したりもできるわけですから。

　実際にぼくは好きなものを見つけると、時間を忘れてずっと見ています。高速道路の料金所にあるETCが好きで眺めていたこともありましたし、子どものころにはエレベーターが気になって、

自分が住んでいたマンションで丸1日かけて観察していたこともありました。

―― どんなことを考えながら？

川田：ものごとや現象の裏側にある、公式や価値観のものさしのようなものに興味があって、観察することで、それを発見したいというか……。さっきのマンションのエレベーターの観察にしても、ただずっと見ているだけではなくて、どこかで公式のようなものを導き出そうとしているんです。

　マンションでは、みんなが出勤したり、通学したりする朝の時間帯は出入りがはげしくなります。そうすると、だいたいいつもエレベーターは人が出かけていったあとに残されて、1階に止まっていることになるから、つぎに使う人はそれを自分がいる階に呼ばなくてはいけない。待ち時間のぶん、効率がわるい。でも、ほとんどの人は出かける時間が決まっているわけですよ。そのタイミングでエレベーターがその階に行くようにすれば、ずっと効率がよくなります。それにはどうしたらいいか、と、エレベーター運用の公式を考えたりしていたんです。

　ちなみに、いまの話は、本当に当時考えていたことで、この時間には田中さんが出かけるからこの階、この時間には鈴木さんが出かけるからこの階……という法則を割り出して、実際にマンショ

ンの管理人さんに伝えたりもしました。残念ながら、実際に使われることはなかったですけど（笑）。

ものごとを解釈する手がかりを探している

── それは管理人さんもびっくりしたでしょうね。そうやって見つけた公式やものさしで、なにかを変えようとか、解決しようとかというねらいのようなものもあったりするのですか？

川田：つきつめると、ものごとを解釈する手がかりを探しているのだと思います。たとえば学校では、「太郎さんが10個、花子さんが25個、キャラメルをもっている」という状況があったとしたら、たいていは「全部でキャラメルは何個でしょう？」と訊くじゃないですか。それって、数字の話だから算数のものさしでものごとを解釈しようということですよね。

　でも、「全部のキャラメルの数を教えることで傷つくのは誰でしょう？」と訊けば、道徳のものさしになるから解釈も変わる。もしかしたら、数字を重視するなかで損なわれてきた価値にも気づくことができるかもしれない。

　要するに、価値判断はどういうものさしで見るかによって変化してくる。だから、いろんなものさしをもっていれば、いろんな解釈ができるし、もっといえば「算数とか道徳とかいう以前に、ぼ

くらは人間だよね」というような大きなものさしをもっていれば、ジャンルをまたいで解釈することもできます。ぼくはそういうものを見つけたい。で、見つけたら見つけたで、今度はなにかほかのものにそれを使いたくなる。いってみれば、それがぼくのアイディアのもとです。

　少なくともおとなになってからは、こんなふうにふだんから、「なにかに使えるんじゃないか」といういやらしい目でいろんなものを見ている気がします。映画を観ていても、夢のなかだと時間の進みかたが6分の1の速度になるとか、重力が変化して壁を走れるようになるとかといったシーンが出てくると、そういうギミックをARの表現としてもち帰れないかな、と思ったりしていますから。ちなみにここで例に出した映画はすべてクリストファー・ノーラン作品です。ものすごく好きで、『TENET』もかなり興奮して、あの時間の逆行の表現はすでにARの世界にもち帰ってあります。

愛されてばかりいると牛になる

―― そうやってストックしてきたものを、仕事の依頼に合わせてアイディアとしてあてはめていくということですね。

川田：企業の案件は最近はあまりやらなくなりましたけど、やるとしても、もちろん一方的にぼくのやってみたいことを押しつけ

るような乱暴なことはしませんよ（笑）。仕事として、ちゃんと着地点はさぐります。美術館の仕事だったら美術館の意義を踏まえたり、ビルの空間だったら、それをやる目的を把握して踏まえたりして、そこに合うアイディアを提案します。

　ただ、企業の都合とか、おとなの事情とかで、とってつけたような仕事をしたくないとは思っています。目論見とか、打算とかにこだわるのもわかるし、仕事としては、そこも一応は担保するのですが、都合とか事情とかではないところで人に訴えかけたい。誰しも少年時代、少女時代があるわけですから、できればそういう記憶とか、気持ちの部分に訴えかけたい。

　それにもう長くARの開発をしてきているので、単純に最新技術を追うというよりは、新たに生まれるリアリティとか、感情の高まりのようなものが作品に欲しいということもあります。でないと、やっているぼくが楽しめないので。そういうこともあって、子どものときにできなかったことへの未練なんかが配合されているものをやりたい。

　ただ、アイディアを出したり、表現をつくったりするクリエイターのありかたということでいえば、企業案件のような頼まれ仕事ばかりをやっているのはよくないんじゃないかとも感じています。井上陽水さんの『愛されてばかりいると』という曲の歌詞のなかに「愛されてばかりいると星になるよ」というフレーズが出てくるのですが、クリエイターは、愛されてばかりいると牛になるん

186

じゃないかと思う（笑）。いろんな企業から声がかかって頼まれるのはいいことだし、頼みごとに応えていくのも大事ですけど、そればかりやっていると、その場で牛歩してしまうことになるんじゃないか。クリエイターとして、ちゃんと自分の表現の階段をのぼっていくことは、いつも考えなくちゃいけない。

—— 頼まれ仕事ばかりをやっていると、なぜ牛になると？

川田：自分で考えなくなります。決定権が自分にはないわけですから、クライアントが首を縦に振ればいいということになってしまいがちで。

　でも、本当は、首を縦に振ってもらうのはクライアントではなくて、その先にいる生活者や社会じゃないですか。そこに受け入れてもらわなくてはいけないわけだから、たとえばプロダクトをつくるなら、何十年と使われるモノの責任をクリエイターが自分で負わなくてはいけない。けれど、頼まれ仕事ばかりやっていると、そこへの意識がうすいままモノをつくってしまう。

　それに人に判断をゆだねるということは、自分の「好き」をまるごとゆだねてしまうということでもあります。そういうつくりかたは、クリエイターとしては軽率だと思う。フォームが定まらないので。仕事のたびに、異なる人格にならなくてはいけなくなります。

自分で考えて、自分で責任をとる

—— たしかに自分の「好き」をゆだねてしまうと、誰のものづくりかわからなくなりますよね。いっぽうで仕事でやるということを考えると、多くは頼まれごとにならざるをえない。そのなかで、「牛」にならないようにするにはどうすればいいでしょうか?

川田:やっぱりインディペンデント、自主制作をつづけることです。自分で考えて、自分で責任をとって、アイディアや表現に向きあっていく厳しさを実感する。ぼく自身もいつもそう思って自主制作に取り組んでいます。これをしっかりやっておくと、もしほかの人に最終判断をゆだねることがあっても、自分で考えることを放棄しなくなるし、ほかの人の判断を掘り下げたり、ものさしのちがいを楽しんだり、生かしたりできます。

　そのことを強く感じたのは、2020年に長渕剛さんといっしょに、テクノロジーを活用したライブパフォーマンスをやったときでしたね。ぼくは長渕さんの大ファンで、自分がナビゲーターをやっているラジオ番組に、あるときゲストで来てもらったのですが、そこでいろいろ話しているなかで、長渕さんの楽曲に共鳴、共振するような映像の演出ができないかなと、ふと思ったんです。で、「J-WAVE INNOVATION WORLD FESTA 2020」というラジオ番組連動のイベントで、長渕さんが弾くギターの音にプラネタリウム

「J-WAVE INNOVATION WORLD FESTA 2020」での長渕剛の拡張ライブ

の天球映像が同期するような拡張ライブをやることになったのですが、そのときは演出の微妙なところの判断を自分ひとりで決めないで、長渕さんにも意見をもらうことにしました。

　最先端のテクノロジーを扱う開発者としては、腕の見せどころです。タイムラグが出ないように気をつけて、ギターの音に即座に映像が反応するようにプログラムしておいた。そうしたら、それを試した長渕さんが、「十夢、これはちがう」と。機械が先に立つと、情緒に訴えかけられない。自分の歌の世界は情感だ。情感は余韻なんだ、と。やっぱり、ものさしが開発者とはちがうんですよね。でも、それをなにも考えずに受け入れるのではなく、ちがいとして受けとめることができたからこそ、いいライブをつくることができたのだし、ぼく自身も楽しめて、学びにもなりました。まあ、徹夜つづきで調整して間に合わせるのは、けっこう大変でしたけど（笑）。

ネタにするから技術がつかめる

── ふだんから自分で考えて、自分で責任をとっているからこそ、長渕さんのものさしにも適切に反応できる。やっぱり自主制作って大事ですね。ただ、一般の人にはなかなか高いハードルのようにも思えますが……。

川田：大げさに考えなくても、宴会芸でもいいと思うんですよ。実際にぼくらAR三兄弟も、年に1回、最先端の技術を披露するAR宴会芸という催しをやっています。たとえば、ARにはオクルージョンという技術があるのですが、それを無駄に駆使して「贈る言葉」の曲にあわせて歌詞がフワーッと地面から出てくる「オクルージョンで贈る言葉」というAR作品をつくって見せたり。ネーミングは完全にダジャレですけどね（笑）。でも、技術のすごさをただ見せたり、説明したりするのではなく、しっかりネタにすることでウケる設計をしなくてはいけないし、技術も把握できます。

　ウケるって、本当はすごく大事なことだと思います。表現したものをただ見てもらうのではなく、反応してもらう。そこから喜怒哀楽が生まれます。技術の使いかたとしては正しくて、すごいけれど、ネタを見てくれた人が真顔のままというのは、少なくともぼくがめざすところではありません。なにこれ？　と目を丸くしたり、驚いてギョッとしたり。感情の起伏の起点になるものをつくりたい。印象に残らないものは、誰も思い出してくれませんから。

　そのためにも、自分で考えて、自分で責任をとって、アイディアや表現に向きあってゆく。ときには大爆笑、ときには大スベり。平場の客前でそのつど勝負してゆく必要を、アイディアをかたちにする人すべてに感じます。

12

結果を出しつづけるために
必要なのは「文法」。

明石ガクト

ONE MEDIA
動画プロデューサー

1982年、静岡県生まれ。上智大学卒業後、IT企業勤務を経て、2014年に新しい動画表現を追求すべく「ONE MEDIA」を創業。共感を生むストーリーテリングをベースに、これまで1500本以上のスマートフォン向け動画をプロデュース。前澤友作氏のYouTubeチャンネル「Yusaku Maezawa【MZ】」を立ち上げるなど、動画業界をリードしつづけている。著書に『動画2.0 VISUAL STORYTELLING』、『動画の世紀 The STORY MAKERS』(電子書籍)がある。

見てもらえるのは「文法的に正しいから」

——いまはまさに動画全盛の時代。誰もが日常的にスマートフォンで動画を楽しむようになりました。明石さんはそんな時代の到来をいちはやく感じ取って、あるべき動画の姿を定義づけた人として知られています。と同時に、動画プロデューサーとして、ユニクロの「LifeWear Music」をはじめとした話題作をいくつも手がけられてもいる。ぜひそのつくり手としての発想についてうかがいたいのですが、どんな考えかたで動画づくりに取り組んでいるのですか?

明石:動画はスマートフォンなどのデジタルデバイスで見るのが基本で、ほとんどの場合、流れている絵の下に、シェアとか、いいねとかのボタンがあったり、コメント欄があったりします。つまりは見るだけなく、コンテンツに対してなんらかのアクションを起こしてもらうことが前提になっている。テレビや映画のように見てもらうこと自体が目的なのではなくて、コミュニケーションツールにしてもらうことが最大の課題なんです。

　企業のブランディングやプロモーションのための企業の動画をつくるときも、もちろんそこは同じです。見た人が行動を起こしてくれるからこそ広まっていくわけで、そのためのしかけを動画というコンテンツにどう落としこんでいくか。つくり手にはそう

いう目線での発想が求められます。

　それなら、やっぱりおもしろいものや奇抜なものをつくればいいのか、というとそうでもない。おもしろくてウケるものはもちろんありますが、おもしろくてもウケないものもあるんです。鍵を握っているのは文法です。動画には動画の文法があって、それを無視してつくると、作品としてどんなにおもしろいものでも、びっくりするくらいスベります。

　たとえば、動画の「型」もその文法のひとつですね。新しく買ったナイキのスニーカーの箱を開けていく様子をレポートするような「開封動画」や、朝の支度の様子を淡々と撮った「モーニングルーティン動画」のように、動画の世界にはいくつかの「型」があります。それにのっとって動画をつくると、それなりに見てもらえる可能性が高まるんです。

　なぜなら、すでに知っている「型」にのっとっているおかげで、ユーザーがその動画の期待値を予測できるから。開封動画だとわかっていれば、見たらどういう気持ちになるのかとか、おもしろいと思えそうかどうかが、ある程度はわかるじゃないですか。だから、再生ボタンを押しやすいんです。

　でも、もしその「型」からはずれていたら、期待値が予測できません。そのぶん再生ボタンを押しづらくて、見てもらえない。結果、スベったということになりやすい。

　いまお話ししたのはひとつの例ですが、こうした文法が動画に

はいくつもあるんです。

—— 見てもらえるのは文法的に正しいから、ということですか。どんな動画をつくるときも、かならずそこを意識しているのですか?

明石：そうですね。ぼくらはいま、実業家の前澤友作さんのYouTubeチャンネル「Yusaku Maezawa【MZ】」を運営しているのですが、そこでももちろん文法を強く意識しながら動画をつくっています。

　知ってのとおり、前澤さんはとんでもない大金持ちであるだけでなく、宇宙に行くだとか、女優との恋愛だとかをメディアに書き立てられたりもしています。そのせいで人びとからのいろいろな偏見もあって、世の中に伝えたいことがあってもなかなかわかってもらえなかったりする。そこをなんとかしたいと思って、前澤さんは自分のYouTubeチャンネルをはじめようと考えたんです。

　当然、億万長者ですから、やろうと思えば、お金のかかったすごい動画をいくらでもつくることができます。でも、ぼくらはあえて「ビデオブログをやりましょう」と提案しました。なぜなら、YouTubeはユーザーとの距離が近いメディアだから。お金をかけて、高性能のカメラを使ってクオリティの高い動画をつくっても、受け入れてもらえない可能性が高い。それよりは、身近でカジュ

前澤、車を買う。

前澤 お金配りの理由

YouTube「Yusaku Maezawa【MZ】」

アルなほうが見てもらいやすいんです。

　で、考えたのが「世界一親しみやすい億万長者」というコンセプトでした。ビデオブログのために特別なことをやるのではなく、誰もがやるようなありふれた前澤さんの日常を伝えていく。しかも、プロが撮るのではなく、前澤さんのそばにいるスタッフにホームビデオのようなカメラで撮ってもらう。

　最初の投稿は、預金通帳の記帳でした。みんながふつうにやっていることですよね。ただ、前澤さんがやると、見たこともないようなすごい桁数の数字が印字されます。ほかにもクルマを買いに行くという企画もやりましたね。これもみんながふつうにやっていること。でも、前澤さんの場合は、買うクルマの値段が3.8億円だったりする。

　動画の「型」の部分は、誰もがビデオブログでやっているようなことです。だから期待値も読めるし、見てもらいやすい。でも、動画の中身は前澤さん特有のものになっている。こうやって、文法を意識してつくるからこそ見てもらえるし、SNSでのコミュニケーションを誘発して話題化されるんです。

「コンテンツのスマート化」を意識する

——動画のゴールは行動を起こしてもらうこと、と冒頭でおっしゃっていましたが、それはつまりSNSでのコミュニケーション

の誘発ということですよね。そのくらい動画とSNSは切っても切れない関係にあるということですか？

明石：背景にあるのは、コンテンツのスマート化です。もともとコンテンツは、どんなものもアナログでつくられていたわけですが、ご存じのとおり、技術が進歩するなかで、どんどんデジタル化されてきています。そしていまのコンテンツは、さらにその先の段階にまで来ているのではないかとぼくは考えています。デジタル化されたうえに、SNSと密接につながったコンテンツになってきているんです。これをぼくは「スマートコンテンツ」と呼んでいます。

　たとえば、文章のコンテンツでいえば、かつては紙の本というアナログメディアが基本でしたが、やがてデジタル化されて電子書籍になりました。そこからSNSとの密接なつながりをもってスマート化したのがメディアプラットフォームの「note」です。アナログやデジタルとのいちばんのちがいは拡散性。SNSと密接につながることで、ユーザーのコミュニケーションとリンクしているので、コンテンツが広まります。

　ぼくらがつくっている動画も、ほとんどがこのスマートコンテンツに位置づけられるもの。だから広まることは当然の課題のひとつだし、バズるかどうかを意識せざるをえないんです。そういう意味では、クリエイティブというと、すごく独創的なものだっ

たり、まだ誰もやっていない斬新なものであるべきだと思われがちですが、ぼくは別にそうである必要はないと思っています。むしろ大事なのは、そのメディアやプラットフォームにおいて、いまどんなボールを投げれば、SNS上でコミュニケーションが誘発されるのかという部分。そこを考えるのが、いちばん大事だと思いますね。

動画コンテンツに必要な「3つのC」

—— 具体的には、どんなふうに動画コンテンツを考えていくのですか？

明石：そこにもやっぱり文法があります。鍵をにぎるのは3つのCです。「キャプチャー（Capture）」と「コネクト（Connect）」、それに「コンストラクト（Construct）」。動画をつくるときは、かならずこの3つを意識して考えていきます。

　キャプチャーは、社会や人間の意識における集合的無意識のこと。はっきりと意識されているわけではないけれど、なんとなくみんなが「そうだな」と思っていることです。そこに対して、動画の発信者である企業がもっている目的や伝えたいメッセージといった思惑をコネクト（接続）して、見る人が飲みこみやすいかたちにコンストラクト（構築）する。

仮に若い世代の人たちに企業がつくった動画を見せたいのだとしても、ふつうに考えると、そもそも興味がない企業のコンテンツなんて見たくないわけですよ。だから、動画を見せたいと思っている企業の思惑と、見てほしい相手の思惑をつなげたうえで、コンテンツに仕立てていく必要があるんです。

　たとえば、ぼくらが2021年の春に手がけたユニクロの「LifeWear Music」でいえば、お話をいただいたときにクライアントであるユニクロが課題として掲げていたのは、若い世代の人たちに対して「LifeWear」というブランドコンセプトをさらに浸透させることでした。ユニクロは服を単なるファッションやモノではなく、あらゆる人たちの生活や人生をかたちづくるピースのひとつととらえています。そんな「LifeWear」という思想をもっと感じてもらいたい、と思っていたんです。

　それを受けて、ぼくらがまず注目したのが、コロナ禍によって変容した人びとの生活でした。在宅勤務が増えて、家にいる時間が長くなったことで、当時はみんなが家での過ごしかたを工夫するようになってきていた。音楽をかけたり、YouTubeをつけたりしながら家事をしている人が増えている、という統計データが発表されたりもしていました。そこにぼくらは「みんなが生活を上質なものにしたがっている」という集合的無意識を読み取りました。それはまさにユニクロが掲げる「LifeWear」に通じるところでもあります。

ユニクロ「LifeWear Music #4 音楽が生まれる時間のリズム Rhythm of time when music is born | STUTS」

　とすれば、ぼくらは「生活を上質なものにする」ために、どういう動画をつくればいいのか。"構築"の手がかりのひとつとなったのが、ちょうどそのときに YouTube のトレンドになっていた「ながら見動画」でした。とくに若い世代を中心に、YouTube の動画を流しながら、料理をしたり、部屋を片づけたりする人が増えていたんです。

　さらにそのいっぽうでトレンドとなっていたのが、いわゆる"チル"な音楽でした。少し前まではアゲアゲの音楽がはやっていたりしたのですが、生活のスタイルが変わってきたこともあってか、

コロナ禍ではわりと落ち着いた音楽が好まれるようになってきていました。

　こうしたトレンドを踏まえて、最終的につくったのが「LifeWear Music」なんです。テレビやスマホなどのデジタル画面に出ているだけで部屋がおしゃれになるような日常のいい風景のなかで、ユニクロの服を着たアーティストたちが創作に取り組んでいる。そこにローファイヒップホップがずっと流れている……。

　ながら見するコンテンツですから、主張が強くならないように、カット割りもやめて、カメラを置いたままにして、ボケ味のある絵にしています。「LifeWear Music」を流しながら、仕事や勉強、家事をしているとちょっといい時間を過ごしているように思える。そういう体験づくりをベースに、SNS上でこのコンテンツやユニクロについての会話が自然と生まれるようにうながしているわけです。

“そこの人”になって思いをつかむ

――集合的無意識の発見が企画の出発点になっているんですね。その集合的無意識は、どうすれば見つけられるのですか?

明石：先ほどもお話ししたように、ぼくらがつくる動画はスマートコンテンツですから、SNSと密接につながっています。だから、

当たり前の話ですが、集合的無意識を見つけるには、まずSNSに
いる人たちが、いまどんな思いを抱えているのかを感じ取る必要
があります。それには、やっぱり自分もそこで過ごしてみるしか
ないでしょうね。

　実際にぼく自身もSNSにはすごく時間を割いています。仕事の
隙間ができたら、かならずSNSを見ているし、トイレに入ってい
るときも見ています。ターゲットになる人たちがやりとりをして
いるのを、すぐそばでずっと見ている感じですね。

　そうやってふだんからSNSを見ていれば、みんなのなかにどう
いう思いやコミュニケーションがあるのかがつかめるようになり
ます。逆にふだんから見ていない人はそこがつかめないから、コ
ンテンツをつくっても、一見するとそれっぽいかもしれないけれ
ど、どこか外し気味になってしまうんです。

―― 見よう見まねで、付け焼き刃でやってもうまくいかない……。
コンテンツには体験を提供している部分があるだけに、にせもの
は見破られて、バレてしまうんですね。

明石：絶対にバレますね。とくにSNSに親しんでいる人たちは、
そういうところには敏感ですから。ツボを押さえるには、やっぱ
り努力するしかないんです。

　そのうえで、ぼくらの場合は、チームで集まって意見を出しあ

います。プロデューサーとか、ディレクターとか、制作進行とか、いろんな役割の人たちがいるのですが、それぞれが立場に関係なく、集合的無意識についてのアイディアをフラットに出していく。誰かひとりの天才的な発想に頼るのではなくて、みんなでアイディアをもちよって考えます。

　そもそも集合的無意識自体が、特殊な発想の先に生まれるようなものじゃありません。いろんな目線で見て、共通して「それ、たしかにそうだよな。オレもそう思うわ」と思えることが重要ですから。そうやってさぐっていくなかで「やっぱりみんなそう思うよね」といえるようなものが出てきたら、それが本物です。

── そこにある気持ちや思いを実感をもって想像できて、しかも共感できるとなると、たしかに“そこの人”になっていることが大事ですね。

明石：世の中やSNSのトレンドもそうだし、最初にお話しした動画の型もそうですが、やっぱりその世界にいないと、きちんとつかむのは難しいですよね。とくにトレンドは兆しの段階でつかまえる必要がありますから。メディアで取り上げられているSNSのトレンド情報を見て、コンテンツづくりに生かそうとする人もいますが、それではもう遅いんです。

　もっといえば、実感をもってつかめるのであれば、はやってい

るものの傾向を分析したりする必要もないと思います。ぼく自身は社会現象を分析するのが好きなので趣味として考えたりもしますが、つくり手としては、本当にはやっているのなら、それを使えばいい。シティポップが来ているなら、シティポップを使えばいいんです。流行の背景にある理由や傾向を考えるより、つかまえることのほうが大事です。

表現よりも文法を重視する

―― 動画のような表現物をつくるとなると、自分のスタイルや、作家性にこだわりたくなるものですが、明石さんはそう思ったりはしないのですか？

明石：じつは学生のころはモーショングラフィックスをつくるのが好きで、ローンを組んでPower Mac G5を買って、独自のスタイルの作品をたくさんつくっていたんです。でも会社をつくって、売り上げが立たない時期がしばらくつづいたときに考えかたが変わりましたね。やっぱりひとりよがりではダメだと思ったんです。

　売り上げが立たなかったときは、ぼくのつくった動画と社会の歯車がまったくかみ合っていなかったんですよ。ずっと空転しているような感覚で……。それだといくらがんばっても、世の中に影響を与えることも、貢献することもできません。そう思い知っ

たあたりから、作品をつくるという目線ではなくて、ひとつ俯瞰した視点で、結果を出せる仕事をしようと思うようになりました。

　デジタルスクリーンのかたちが変わって、視聴者も変わるなかで、求められるコンテンツが変わっていく。そこに真摯に向きあう。そうやって、ぼくらに仕事を依頼してくれたクライアントの期待値をとにかく上まわろうと、残したい結果から逆算して、コンテンツをつくっていくなかで文法を見つけ出してきたんです。

　再現性をもって結果を出しつづけるには文法が必要です。だから、ぼくらは表現よりも動画の文法の部分を重視します。いちばん大事なことは、じつはビジュアル化されていないところにあるんです。

第5章
アイディアの「視点」

佐藤尚之
ファンベースカンパニー

佐渡島庸平
コルク

柳澤大輔
面白法人カヤック

13

大切なのは、
つねに俯瞰して考えること。

佐藤尚之

ファンベースカンパニー
創業者、取締役会長

1961年東京都生まれ。1985年電通に入社。コピーライター、
CMプランナー、ウェブディレクターを経て、コミュニケーショ
ンデザイナーとして広告キャンペーン全体の構築に従事。2011
年に独立し、「ツナグ」を設立。2019年、野村ホールディング
ス、アライドアーキテクツとともに「ファンベースカンパニー」
を設立。「さとなおオープンラボ」「4th（コミュニティ）」なども
主宰している。著書に『ファンベース』、『ファンベースなひとた
ち』（共著）、『明日の広告』、『明日のプランニング』（以上、佐藤尚
之名義）、『沖縄上手な旅ごはん』、『極楽おいしい二泊三日』（さと
なお名義）などがある。JIAAグランプリなど受賞多数。大阪芸
術大学客員教授。復興庁復興推進参与。助けあいジャパン代表。
花火師 。

伝えるために「相手の環境」を見つめる

—— 長らく企業発信のコミュニケーションの考えかたの基本とされてきた「コミュニケーションデザイン」、そしてさまざまな組織のこの先の生活者とのかかわりかたの常識になろうとしている「ファンベース」と、佐藤さんはコミュニケーションの仕事にかかわる人たちの羅針盤となっている概念をつづけて提唱されています。なぜいつも、そんな"大きなアイディア"にたどり着くことができるのですか?

佐藤：別に新しい概念を考え出そうとか、世に問うてやろうとか思っているわけではないんですよ。ぼくは伝える仕事をしているので、伝えたい相手にどうやったら伝わるだろうかといつも考えているだけで。伝えるためには、相手のことをよく見て、相手がどういう情報環境にいるのかを知る必要があります。その環境が変わっていけば、当然、伝えかたもアイディアも変わっていく。そこをしっかりと見つめて、伝えるべき相手の環境に合わせていった結果が、ある時点ではコミュニケーションデザインだったし、いまはファンベースだということです。

—— もうずいぶん長く、コミュニケーションの仕事をなりわいにしてきておられるわけですが、伝える相手の環境が変わったなと

最初に感じたのは、いつごろのことですか？

佐藤：最初にはっきりと意識したのは2005年のちょっと前くらいですね。ちょうどインターネットが社会に浸透して、Googleでの検索が当たり前になってきたころです。当時、ぼくは広告会社にいたのですが、必死でアイディアを考えてつくった広告がささらないことが増えてきたんです。まったく届かないわけではなかったのですが、とにかく打率がものすごく下がりました。

　そもそも、その少し前までは、世の中にそこまで情報があふれていたわけではありませんでしたから、広告はどちらかといえばまだ人びとにとってありがたい存在でした。「あ、いまそんなキャンペーンをやっているんだ、うれしい情報、ありがとう」と思ってもらえるような一種の情報源だったんですね。だから、生活者がテレビ番組を楽しんでいるところにCMを割りこませて、彼らの楽しみを妨害して訴えかけても受け入れてもらえました。そう、広告とは妨害型アプローチだったんです。

　でもインターネットが社会に浸透して、誰もが情報を過剰に手にできるようになったことで、企業が一方的に発信する情報はかならずしも歓迎されるものではなくなった。そして2005年くらいを境に情報が増えすぎて、興味関心のない情報はウザいものになった。もういらないんです。従来の、不特定多数に対して妨害して広告を見せるようなやりかたが、ものすごく難しくなったんです。

アメリカの調査会社IDCによると、たとえば2010年には、世界中で1年間に1ゼタバイトの情報が流れました。1ゼタバイトというのは「世界中の砂浜の砂の数」なんです。ほぼ無限です。そのあたり以降はもう「企業が伝えたい情報を一方的に伝えること」が絶望的に難しくなってしまった、というのが実感です。ちなみに同じくIDCによると、2020年には1年間で59ゼタバイトの情報が世界中に流れています。まあ、もう無理ですよね。

　とはいえ、そんななかでも情報がほしいと思っている人たちはいます。だったら、絶望的に難しくなった不特定多数の人たち全体への妨害型アプローチではなくて、企業が伝えようとしていることを「伝えてもらいたがっている人たち」にしっかり届くように伝える方法はないだろうか……。そう考えてたどり着いたのがコミュニケーションデザインでした。

　といっても、興味関心のない人にインパクト強く伝えることこそが善だとずっと思われてきたわけですから、すぐには受け入れがたい考えかただったと思います。最初は業界内でもずいぶんと抵抗を受けましたね。

　コミュニケーションデザインというと、生活者に買わせるためにどうメディアを組み合わせるかだとか、コンタクトポイントの設計のことだとかと思われることも多いのですが、いまお話ししたように「買わせたい相手」に無理やり届けるのが絶望的に難しくなったことを前提に、「伝えてもらいたがっている相手」、「買いた

いと思っている相手」にしっかり情報が届くようにコミュニケーション全体を設計しましょう、ということです。メディア設計とかだけじゃないんですね。

　たとえば、缶コーヒーをよく飲んでくれるトラックの運転手たちに新発売の缶コーヒーの情報を届けたいとき、その「伝えたい相手」の行動をていねいに見ていって、そういう毎日を送る人たちにしっかり届くように、メディアや表現などを堅牢に構築していく、みたいな生活者本位のアプローチがコミュニケーションデザインです。

　彼らがラジオをおもに聴いているなら、ラジオCMをキャンペーンの真んなかに置いて構築していく。いま考えたら当たり前のアプローチに見えますが、当時は新しい考えかたでした。

俯瞰して大きな流れのなかでとらえていく

── 先ほど、「伝える相手の環境の変化に伝えかたを合わせていく」という意味のことをおっしゃっていましたが、実際には変化って少しずつ起こりますよね。日常的にそのことに気づくのは、かんたんではないと思うのですが、佐藤さんは、どうやってそれをとらえておられるのですか？

佐藤：大切なのは、つねに俯瞰して考えることですね。伝えたい

相手が置かれている環境を見つめるにしても、そのとき、その瞬間にどうなっているかという目線だけでなく、大きな流れのなかでとらえていきます。

いま、2005年に情報環境が大きく変わったといいましたが、たしかに2005年は変化の境目の年なんです。ここを境に情報が爆発的に増えた。でも、そこだけを見ているとわからない部分もあるし、変化をとらえきれなかったりもします。

じつはコミュニケーションの環境は、おおよそ5年ごとに少しずつ変化しているんです。まず、2000年以前は、マスメディア万能の時代で、誰もが新聞やテレビなどのマスメディアから情報を得ていました。

ところが2000年を過ぎると、アマゾンジャパン（2000年11月）やGoogleの日本法人（2001年8月）ができてきます。ECや検索がととのってきて、企業サイトやランディングページなど、ネットが機能しはじめるわけです。で、ブロードバンドが出てきて、インターネットがより普及して、先ほどの2005年を迎えます。天文学的な情報爆発のはじまりですね。

そして、そのあと2010年ごろにソーシャルメディアが普及して、「人のつながり」という新しいメディアが可視化されます。さらに2015年ごろにはその流れでコミュニティブームが起こってくる。

こういう情報環境の変化をしっかり理解して、それを前提に伝えかたも変化しないといけません。情報が少なかった2000年以前

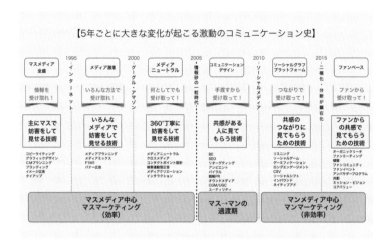

【5年ごとに大きな変化が起こる激動のコミュニケーション史】

| マスメディア全盛 | 1995 インターネット | メディア激増 | 2000 グーグル・アマゾン | メディアニュートラル | 2005 情報砂の一粒時代へ | コミュニケーションデザイン | 2010 ソーシャルメディア | ソーシャルグラフプラットフォーム | 二極化・分断が顕在化 | 2015 ファンベース |

情報を受け取れ！／いろんな方法で受け取れ！／何としてでも受け取って！／共感がある人に見せて／つながりで受け取って！／ファンから受け取って！

主にマスで妨害をして見せる技術／いろんなメディアで妨害をして見せる技術／360°丁寧に妨害をして見せる技術／共感がある人に見てもらう技術／共感のつながりに見てもらうための技術／ファンからの共感で見てもらうための技術

コピーライティング／グラフィックデザイン／CMプランニング／ブランディング／イメージ広告／タイアップ

メディアプランニング／メディアミックス／F1M1／バナー広告

メディアニュートラル／クロスメディア／コンタクトポイント設計／メディアクリエーション／インタラクション

BE／SEO／リターゲティング／アンビエント／バイラル／戦略PR／オウンドメディア／CGM/UGC／ユーティリティ

リスニング／ソーシャルゲーム／ゲーミフィケーション／ロングエンゲージメント／CSV／ソーシャルシフト／インバウンド／ネイティブアド

オーガニックリーチ／ファンミーティング／傾聴／ファンコミュニティ／ファンイベント／アンバサダープログラム／共創／ミッション・ビジョン／コアバリュー

マスメディア中心 マスマーケティング（効率）／マス→マンの過渡期／マンメディア中心 マンマーケティング（非効率）

5年ごとに変化するコミュニケーションの環境（佐藤尚之氏作成の資料より）

は妨害型アプローチでよかったけど、情報爆発が起こる2005年以降は、もう新聞やテレビやネットで妨害して一方的に情報を発信しても受け取ってくれないわけですね。

　あのころはまだ多くの人がその変化をナメていた。でも、その事実に向きあってシビアに考えると、「もう興味関心のない人に無理やり伝えるのは無理」、「伝えてもらいたがってる人（ファン）がいる場所に、こちらから出て行って情報を届けるしかない」、「必要なのは、そういう生活者本位のコミュニケーションデザインだ」ということに必然的になっていくわけです。

―― そのベースに俯瞰があるということですか……。どう伝える
かという話になると、相手のことをしっかり見なければと思うあ
まり、つい近視眼的になってしまいがちですが、俯瞰しながら見
ていくからこそ、かえって"いま"をつかみやすくなるということ
なんですね。

佐藤：そうですね。たとえば、コミュニケーションに関する新し
い技術やサービスが出てくると、あせって右往左往してしまう人
が少なくないのですが、俯瞰して見ていれば落ち着いて受けとめ
られるようになります。

　コロナ禍の影響に関しても同じです。どう変わりますか？　と
よく訊かれるのですが、俯瞰して見ていると、少なくともコミュ
ニケーションについては大きな流れは変わらない、とわかります。

　こうして整理して説明すると、メディアの変化を語っているよ
うに見えがちですが、そうではなくて、大切なのは「伝えたい相手
（＝生活者）の変化」なんです。そのときどきの環境のなかで、伝え
たい相手がどういう情報環境にいて、どういう姿勢で過ごしてい
るかを読み取って、彼ら、彼女らに伝わるようにやりかたを変え
ていくというのが基本です。それをやらないのは、相手の生活や
好みを知らないまま、贈り物をするようなものですよね。そうい
うのをアイディアとは呼ばないと思います。自己中の押しつけで
すよね。

ちなみに、東京を中心とした都市部の人たちはさっき話したような情報環境ですが、ローカルになるとまた事情はちがいます。ローカルでは東京の人たちが思っているほどネットもソーシャルメディアも使われていなかったりもするし、地域によってはマスメディアがまだまだ強いところも多いです。いずれにしても、その環境のなかで、伝えたい相手が情報に対してどういう姿勢でいるのかをよく見ることが大切なんです。

広告とコミュニケーションを分けて考える

―― そんなふうに伝える相手を意識するようになったのは、いつからですか？

佐藤：30代の、CMをつくったりしていたころからかなぁ。「おもしろくて目立つものをつくればいい」とみんなはいうけれど、本当にそれで伝えたい相手がよろこぶのかな、買ってくれるのかな、と。なぜなら、自分はそれでは買わないと思ったから。でも、まだ若かったし、そういうものなのかもなと思いながらつくっていました。

　ぼく自身が決定的に伝えたい相手を意識するようになったのは、入社10年めくらい。インターネットの創生期である1995年に個人サイトをつくったときからですね。

　きっかけは阪神淡路大震災でした。ぼくは当時、神戸に住んで

いて被災したのですが、地震の夜に停電が復旧したので、状況を把握するために家でテレビを見ていたんです。そうしたら、ある番組で、いま同じ規模の地震が東京で起こったらどうなるかというシミュレーションをしはじめて……。

　もう、蹴るいきおいでテレビを消しました。こっちではまだいろんなところで人が生き埋めになったりしているのに、避難所の情報とか、食べ物や水のありかとか、寒さのしのぎかたとか、いろんな情報がとにかく知りたいのに、いったいなにを放送しているのか、と。

　でも考えてみれば、それがマスメディアの限界なんですよね。必要な人に必要な情報を届けることが不得意。とくに東京のキー局は、最大公約数の情報を日本全国に伝えるためのメディアですから。

　で、テレビを消して、グチャグチャになった家のなかからMacを探し出して、電話線につないで、インターネットでウェブサイトを見はじめました。当時はまだ使える検索エンジンがなかったので、リンクを追いかけながら見ていくのですが、そうやってたどり着いたウェブサイトのひとつで、ある人が神戸の状況について発信していたんです。こことここに水が足りないといったことなんかも書かれていて……。

　それを見たとき、稲妻に打たれたような気持ちになりました。必要な人に必要な情報をピンポイントで届けることができるメ

ディアが、人類史上はじめてできたんだ。ついに手に入れたんだ、と。しかも、個人が発信して、個人が受け取れる。

　そのことが忘れられなくて、半年後、1995年8月に個人サイトをはじめたんです。日本では相当はやいほうだったと思います。そのあと、当時としてはかなりの人気サイトにもなったのですが、そうするとサイトを見た人たちからメールがバンバン来るわけですよ。

　テレビCMをつくってもそんなことはないわけですよね。でもネットだと、伝えたい相手が目の前にいて、笑ったり、泣いたりをこちらに伝えてくれる。「伝える」「伝わる」ってこういうことなんだと、そのとき思い知りました。

―― まさにコミュニケーションですね。

佐藤：そうなんです。送られてきたメールを見れば、どういう人が自分のウェブサイトを見てくれていて、どこに反応してくれているのかもわかります。それなら、こういう情報を発信すればいいんじゃないか、こんなふうに伝えればいいといったこともわかるし、実際にそれでよろこんでもらえる。その循環をそのときつかめたんです。

　といっても、当時の会社の同僚には馬鹿にされていましたけどね。「お前のサイト、何人が見てるの？」なんて訊いてきて、「1日

３万人くらいかな」というと鼻で笑うわけですよ。

　CMだったら、100万人とか、200万人とかが見るわけですから、そういいたくなるのもわからなくはない。でも、伝える仕事は、当たり前ですが、伝わるようにするためにあるんです。そのためのクリエイティブです。伝えたい相手のことをしっかりと見ずに、やみくもにおもしろさや奇抜さをめざしているのなら、それは単なる一方通行の自己中の発信で、双方向の「コミュニケーション」とはいえない。コミュニケーションとは「やりとり」なわけで、相手が絶対に大切なんです。

　そういうこともあって、ぼくは広告とコミュニケーションを分けて考えるようにしています。広告は企業がいいたいことを一方的にいう。でもコミュニケーションには相手がいる。その伝えかたを考えて工夫するのが、コミュニケーションデザインだったということです。デザインするのはあくまでコミュニケーションであって、広告じゃないんです。

相手が笑顔になれば、それでいい

―― そして、伝える相手が置かれている情報環境を俯瞰して見ていると、いまはそのコミュニケーションデザインの時代でもなくなってきたということですね。

佐藤：そうですね。2010年前後から、日本でもソーシャルメディアが普及しました。そのへんから世の中のコミュニケーションが、マスメディアからマンメディアになっていく。つまり人がメディアになり、情報が人のつながりで伝わっていくようになりました。

　といっても、日本人全員がソーシャルメディアを使っているわけではありません。多用しているのは1割くらいのアーリーアダプターたちです。でも、それ以外の人たちも逆にリアルの人間関係が濃かったりします。人は誰しもつながって生きていますからね。ソーシャルメディアはそのことを可視化したとぼくは思っています。

　このように、俯瞰すると、マスメディアからマンメディア、不特定多数から特定少数（ファン）のような大きな流れが見えてきました。

　いっぽうで企業を取り巻く環境も変わってきています。これからは人口は急減するし、マーケットは縮んでいく。買う人が少なくなるんですから、景気もかならず冷えこんでいきます。

　そんな時代に、どこにいるのか姿が見えない新規顧客の獲得をはかるコミュニケーションデザインのようなやりかたは手間もリスクも大きい。

　じゃあ、どうするのか。それを考える手がかりのひとつになったのが「パレートの法則」でした。イタリアの経済学者、ヴィルフレド・パレートが発見した「2割の要素が、全体の8割を生み出し

ている」という統計モデルですが、多くの企業の売り上げデータを見ていくと、実際にこのとおりになっていることがほとんどなんです。2割の顧客が8割の売り上げを生み出しているんですね。要するに、売り上げの大半は少数のファンによって支えられているということです。

　だったら、不況で先が見えず、情報が絶望的に伝わらなくて新規顧客の獲得が難しい時代、まずは売り上げを支えてくれているファンを大切にしましょうよ、というのがファンベースの考えかたです。そうすれば売り上げは落ちません。それに、ファンがつながりのなかでその企業や商品のことを友だちや家族に伝えてくれれば、新規顧客も獲得できていきます。

　さらにいうと、情報が絶望的に伝わりにくいこの時代でも、その企業やブランドのファンは、そこから発信される情報に耳をそばだてています。ファンには情報が伝わりやすいんです。

―― ファンベースの時代ということですね。ファンマーケティングでも、ファンビジネスでもなく。

佐藤：そうですね。戦略的にファンを動かそう、囲いこもう、というファンマーケティングでも、ファンから儲けようというファンビジネスでもありません。誠心誠意、ファンとつきあっていきましょう、ファンを支持母体（ベース）として大切にしていきましょ

う、という意味でファンベースです。

　もちろん、最終的には売り上げを得るわけですが、それはあくまで二の次で、まずは仲間としてファンを大切にしていく。結果はあとからついてきますし、なにより売り上げの８割を支えてくれているのは彼らなわけですから。

　広告の世界では、なんとか買わせようと知恵をしぼるわけですが、ファンはすでに買っているわけです。その人たちがもっとよろこぶことを考える。そうするとLTV（Life Time Value＝顧客生涯価値）が上がるし、ファンがまわりにすすめてくれて新たなファンをつくってもくれます。難しい時代だからこそ、そういう循環が今後とても重要になるとぼくは思っています。

　たとえばマーケティングではユーザー調査とかしますよね。でもファンベースでは、ユーザー調査はやりません。ユーザーのなかにはファンじゃない人も混ざってしまうので、ファンの動向がわからないんです。

　ファンだけに集まってもらって、ファンの「愛しているポイント」を傾聴していくことが大切ですね。ファンにどういうことをするともっとよろこんでくれるか、笑顔になってくれるか。それを考えていく。

　基本はいつも同じなんですよ。伝えたい相手を笑顔にしたい、よろこばせたいと思うなら、相手のことや相手が置かれている環境を具体的に想像して、なにをどうやったら笑顔になってくれる

んだろうと考える。

　バズるとか、ヒットするとか、賞をとるとかは関係ないんです。相手を笑顔にすることがなにより大切だし、それがぼくらのよろこびであり、やりがいのはず。伝える仕事の発想の本質は、アイディアの本質は、そこにあるんじゃないでしょうか。

14

「本当の欲」を
解放してくれるもの。

佐渡島庸平

コルク 代表
編集者

1979年生まれ。中学時代を南アフリカ共和国で過ごし、灘高校に進学。東京大学文学部を卒業後、2002年に講談社に入社。『モーニング』編集部で井上雄彦『バガボンド』、安野モヨコ『さくらん』のサブ担当をつとめる。2003年、三田紀房『ドラゴン桜』を立ち上げ、小山宙哉『宇宙兄弟』とともにTVアニメ・映画実写化。伊坂幸太郎『モダンタイムス』、平野啓一郎『空白を満たしなさい』などの小説作品も担当した。2012年に独立し、クリエイターのエージェント会社「コルク」を創業。インターネット時代のエンターテインメントのありかたを模索しつづけている。著書に『観察力の鍛え方 一流のクリエイターは世界をどう見ているのか』など。コルクスタジオで新人マンガ家たちと、縦スクロールで全世界で読まれるマンガの制作に挑戦中。

「本に近いかたち」で思考する

── 佐渡島さんは、編集者として『宇宙兄弟』や『ドラゴン桜』の
ような漫画作品や平野啓一郎さんをはじめとする作家の小説作品
などを手がけてこられただけでなく、クリエイターのエージェン
ト会社「コルク」を創業してからは、さまざまな事業やプロジェク
トにもたずさわっておられますよね。はた目にはジャンルや領域
をまたいですごく幅広い活動をされているという印象があるので
すが、取り組む対象がちがうと、考えかたもちがってくるもので
すか?

佐渡島：思考の進めかたの基本的なところは、だいたいいつも同
じです。なにかしらのプロジェクトに取り組むときは、本に近い
かたちで考えていくことが多いですね。本にはタイトルがあって、
オビがあって、目次があって、小見出しがあって、文章があるわ
けですが、これって、要するに抽象から具体に下りていっている
ということじゃないですか。どんなことに取り組むにしても、同
じように5つくらいの段階、少ないときでも3つくらいの段階に
分けて抽象と具体を行き来するようにします。そうすると思考を
進めやすいんです。

── 考えはじめるのは、抽象度の高いところからですか?

佐渡島：かならずしもそうではないですね。抽象度の高い概念を具体化していくこともあれば、言葉や出来事など、いくつかの具体的なものに興味をもって、そこに共通する概念をさぐって抽象度を高めていくこともあります。抽象度のいちばん高いところまで行きついてから、もっとも具体的なところを掘ってみようとすることもありますし、進めかたはケース・バイ・ケースです。

　ただ、思考をはじめる最初のところには、起点となる着想のようなものがかならずあるのですが、ぼくの場合は、それを誰かとの雑談から得ることが多いんです。そういう意味では、企画のもととなるアイディアの多くは雑談から生まれている、といってもいいかもしれません。

雑談では"化学反応"が起こりやすい

――雑談ですか。ミーティングや会議ではなく。どうして雑談からアイディアや着想を得ることが多いのですか？

佐渡島：雑談のなかでは化学反応が起こりやすいんです。ここでいう化学反応は、意図せずになにかいいことを思いついたり、予想もしなかったものが生まれたりするという意味ですが……、逆にいえば、ミーティングや会議だと化学反応が起こりにくいということでもあります。

その原因は「目的を掲げていること」にあるんじゃないかと思うんですよね。どんなミーティングや会議にも、きょうはこれを決める、こういう結果を出すという目的がかならずあるじゃないですか。取材にしてもそうです。原稿を書くための材料を集めるという目的があります。そうなると、そこに向かって話を進めようとか、効率的に話そうとかと考えがちだし、実際にそういう進めかたをしがちにもなる。

　一般的な仕事の常識からすると、ごく当たり前のことかもしれません。でも、これってじつは対話のなかで起こった衝動や欲求を我慢するということだと思うんですよ。相手の話を受けて、なにか思いついたり、掘り下げてみたいことが出てきたりしても、それが目的につながっていなさそうだと思えば、口にせずに飲みこんでしまうわけですから。

　そのおかげで、たしかに目的どおりの成果を得ることはできるのかもしれないけれど、たまたまなにかいいことを思いついたとか、予想もしなかったものが生まれたとかということは少なくなります。化学反応が起こりにくくなるんです。

　旅と同じだと思うんですよね。目的地にまっすぐたどり着いても、ぜんぜんいい旅にはならないじゃないですか。観光名所を効率的に見ればいいというものでもない。旅の醍醐味は、まわり道して、思いもしなかった景色に出くわしたり、誰かと出会ったりすることにある。

それと同じように人との対話だって、なんとなく話していたら思いがけない話題が出て、予想もしない話になった、みたいなところに意味があると思うんです。雑談はそういうことが実現されやすい場なんですよね。

目的は「いまを我慢すること」を強いる

―― たしかにいまの世の中では、なにをするにしてもまず「目的は……」という話になります。そこがはっきりしないと動けない、という人さえいますよね。でも、どうしてみんな、そこまで目的を強く意識してしまうのでしょうか？

佐渡島：ぼくは資本主義の価値観の影響だと思いますけどね。資本主義下では効率が重視されるから、どうしても目的に一直線に向かうという動きかたになってしまう。そのせいで、プロセスが軽視されているのだと思います。目的って、未来のために「いまを我慢すること」を強いるので。

―― 生命科学者の中村桂子さんが、「生は連続であり、過程」といっているのですが、生きるということ自体がそもそもプロセスだという考えかたもあります。

佐渡島：本当にそのとおりです。なにかを成し遂げることを考えても、実際にはほとんどがプロセスなのだから、そこを大切にしないのはどうかと思いますよね。

　幸せのとらえかたひとつをとってもそうです。自分は幸せになるために努力しているんだ、と思っている人は少なくないはずですが、別に年収がいくらになったら幸せとか、なにかを得たら幸せとか決まっているわけじゃない。むしろ幸せを目的においた時点で、ふだんは幸せではないということ。それよりは目的を忘れて、そのときどきを変に我慢しないで生きるようにしたほうが幸せになれるんじゃないかと思うんです。

　プロセスって本当はいろんな可能性を秘めているし、そこにこそ意味がある。でも目的を重視しすぎると、その肝心のところを台なしにしてしまいかねないんですよね。

――雑談を大切にしているのは、プロセスを大事にしたいから？

佐渡島：そうです。雑談はプロセスしかないというか、プロセスそのものなので。目的がないから、そのときどきに感じた興味や欲求を我慢する必要もない。興味や欲求にまかせて、だらだらとしゃべればいい。だからこそ、思いもよらないような話題になったりもするし、ミーティングや会議では絶対に出ないような結論にたどり着けたりもするんです。

「新しさ」の価値が下がってきている

―― ふだんはどのくらいの頻度で雑談しているのですか？

佐渡島：だいたい週に１回は、誰かと雑談するようにはしています。１回あたりの時間は、２時間から３時間くらいですね。

　ただ、雑談できる相手はそう多くはないんですよ。長々と話してもなんの収穫もないこともありえるわけだから、結果を求めずに対話を楽しんでくれて、そのうえ、刺激となるような投げかけをしあえる相手となると、そんなにたくさんはいないので。

　だからぼくは、時間をとって企画を考えようとか、アイディアを出そうとかはしないのですが、誰と雑談しようかとはいつも考えています。そういう相手と我慢をしないで、延々としゃべっていくなかで、自然に「これやってみたいな」と思えるものが出てくるんです。

―― それがアイディアだったり、着想だったりということですね。その「これやってみたいな」が、アイディアとしてすぐれているかどうかを判断するものさしのようなものはあるのでしょうか？たとえば、新しさとか……。

佐渡島：新しさはずっと重要な価値のひとつだったとは思うので

すが、少なくともぼくは、最近はぜんぜん意識しなくなりましたね。いまの世の中では、新しいものがネット上にどんどん生まれてくるじゃないですか。そういうなかで、相対的に新しさの価値が下がってきている気がするんです。

　逆にいま興味をもっているのは古びないものですね。たとえば、少し前にぼくは指輪を買ったのですが、それは2300年前につくられたものなんです。要するに、ぼくが手に入れるまで、歴史の裏側でずっと誰かの指をわたり歩いてきた。そこに魅力を感じるんですよ。

　ほかにも、ぼくの部屋にはいま、江戸時代の浮世絵や19世紀に描かれたチャールズ・ディケンズの小説の挿絵が飾ってあったりするのですが、最近はとくにそういうものに惹かれます。古びないものには独特の深みがあるし、探求しがいもありますから。

　ただ、興味深いことに、古びないものって、たいていおもしろくないんですよね。逆にすごくおもしろいものは、すぐに古びてしまう。じゃあ、どうしたら古びないものを生み出せるだろうという挑戦を、このところ平野啓一郎さんといっしょにやったりしています。

お金を払ってでも向きあいたい問い

―― では、どういう目でアイディアを見きわめているのですか？

佐渡島：アイディアを見きわめるうえで、ぼくがとくに大切にしているのは、「自分でお金を払ってやりたいことかどうか」ですね。

　先ほど話した雑談にしてもそうですが、本気でやりたいと思ったら、相手と旅行に行って話したりします。それって、お金を払ってでもやりたいということじゃないですか。そう思えるものは、理屈のうえで正しいとか、目的にかなっているとかということではなくて、心を満たしてくれるものが多いんですよ。

　ネット上の「投げ銭」もそうですよね。ふつうはモノやサービスとの交換としてお金を払いますが、「投げ銭」は自分が満足したという気持ちに対してお金を払う。クラウドファンディングもそうです。一応はリターンが設定されていたりしますが、寄付の背中を押す決め手となるのは、応援したいかどうかという気持ちの部分。心を満たしてくれるから、お金を払ってでもかかわりたくなるんです。

　ぼくの会社「コルク」でも、もちろんそこは大切にしています。お金をもらえることに重きを置くのではなく、投資してでもやりたいことをやっていく。そういう意味では、ぼくが雑談のなかで見つけているアイディアは問いに近いといえるかもしれません。

――佐渡島さんにとってのアイディアとは「お金を払ってでも向きあいたい問い」ということですか……。

佐渡島：いい問いには、人を巻きこむところがあるんです。投げかけられると思わず考えてしまったり、乗ってしまったりする。きっとそれは、その問いが普遍的な欲求や欲望を掘り起こすからだと思うんですよね。

　ぼくはいまの社会に本当に必要なのは、そんな問いだと考えています。というのも、これから人類が実現していく多様性は、人種や性差といったレベルではなくて、もっともっと個々の人たちの微妙な個性の差を認めるようなものになるべきだと思うんです。そのためには、どうしても欲望の多様さに踏みこまざるをえません。なぜなら、人の個性のギリギリのところは欲望にあらわれるから。より高度な多様性を実現するためにも、社会全体がもっと欲望に忠実になる必要があるんです。

　ただ、これがなかなか難しいんですよね。みんないつのまにか欲望を我慢することが当たり前になってしまっていて。

「本当の欲」の解放をめざす

── たしかにそうですね。社会ではいろんな欲望を我慢することが美徳とされていますし、それは同時に過度に個を表出しないことを意味してもいます。とはいえ、なんでもかんでも欲望を押し出せばいいというものでもないような気もするのですが……。

佐渡島：それはそのとおりです。ただ、いろんな技術が進んできたことなんかもあって、これまであきらめてきた欲望のなかにも実現できることが増えてきているんです。そこを掘り起こしたいんですよ。

　たとえば、本当は誰だって、好きな街に住んで、自分のペースで生活したいはずですよね。でも、アナログのコミュニケーションをベースにしている社会では、経済活動などを考えると、どうしても大都市を中心に生活圏を構築することになります。そのせいで長いあいだ、東京近郊に住んで都心のオフィスに毎日かよって働くというようなライフスタイルをとらざるをえなかった。

　でも、インターネットが普及して、デジタル技術がある程度進歩したら、「好きな街に住んで自分のペースで生活する」ことは、やろうと思えば実現できます。そして技術面でいえば、コロナ禍よりずっと前から、リモートワークが実現可能な状況になってもいました。

　にもかかわらず、実際にはみんな、なかなか実行に移すことができませんでしたよね。そのくらい欲望ってうまく解放できないんです。もしくは、衝動を抑えこむのに慣れてしまっていて、欲望の存在に気づけなくなっている。

―― 我慢し慣れている、あるいは、そういうものだと思いこんで、我慢していることすら忘れているということですか。なるほ

ど……。近いところでは、社会通念のなかで、そういうものだと思わされている影響もありそうですね。

佐渡島：ありますね。たとえば、東大に行くといい、というのも、思わされていることです。自分に自信がない人はとくに、世の中でいいとされているものをめざしがちですから。

　そういうものも含めて、ひとりひとりのなかにまだ掘り起こせていない欲望がたくさんあるはずなんです。そんな「本当の欲」の解放をめざしましょうということ。そのためにぼくは、そこにアプローチできるような問いを見つけたいし、投げかけていきたいんです。

15

人間にとって大事なことを
あきらめない。

柳澤大輔

面白法人カヤック
代表取締役 CEO

1974年、香港生まれ。慶應義塾大学環境情報学部卒業後、ソニー・ミュージックエンタテインメントに入社。1998年、学生時代の友人と「面白法人カヤック」を設立。2014年に東証マザーズへ上場。鎌倉に本社を構え、「面白法人」としてユニークな人事制度・ワークスタイルを導入して新しい会社のスタイルに挑戦。オリジナリティのあるコンテンツを数多く発信してきた。2013年、鎌倉に拠点を置くベンチャー企業の経営者とともに地域団体「カマコン」を創設。地域コミュニティの活性化に自分ごととして取り組むための場を支援している。著書に『鎌倉資本主義』、『リビング・シフト 面白法人カヤックが考える未来』、『アイデアは考えるな』などがある。街づくりに興味のある人が集うオンラインサロン「地域資本主義サロン」主宰。

街づくりとビジネスは「時間軸」がちがう

―― 柳澤さんといえば、デジタルの世界のクリエイターという印象が強いのですが、もう長いあいだ、鎌倉の街づくりにもかなり積極的に取り組んでおられますよね。ぼく自身、仕事でいろんなクリエイターとかかわるなかで、彼らの才能をもっと地域に生かせたらいいのにとはずっと感じていたので、まさにそのお手本のような存在だと思っているのですが、腕をふるう対象が変わることでなにか苦労はなかったのですか？

柳澤:カヤックを創業して、ずっとIT関係のサービスや、ウェブの広告などを中心にやってきたなかで、いわゆる街づくりにかかわるようになったのは10年くらい前からですね。最初はすごく戸惑いましたよ。時間軸がまったくちがっていたので。

　よくいわれるように、ITの世界ではチューニングが前提になっています。うちでいまやっているゲームアプリなんかもそうですが、リリースの時点では最初のステージだけつくっておいて、反響がよくてダウンロードされることがわかったら10ステージくらいつくるというやりかたをしたりします。

　あるいはリリースしたあとで、ユーザーの反応からニーズを汲みながらクオリティアップをはかっていったりもする。だから、なかば思いつきで立ち上げて、やってみてダメだったら変える、

やめるということが許されたりもするし、いくつか失敗してもひとつヒットすればいいというような考えかたが市民権を得ていたりもします。

　でも、街づくりの場合は、そういうわけにはいきません。思いつきでやるのが許されないのはもちろんですが、それだけじゃなくて、けっこう先のことまであらかじめ考えたうえで世に出さなくてはいけない。とくに行政と組む場合は、立ち上げたものをどうよくしていくかというよりは、たとえば3年かけてやっていく事柄をちゃんと計画しておいて、確実に実行していくことが問われます。そこの時間軸というか、スピード感というかのちがいになじむのがけっこう大変でした。

―― 基本的なものごとの進めかたがちがうということですね。相当しっかりと頭を切り替えなければいけない。

柳澤：覚悟が問われているといってもいいかもしれません。ぼくらが鎌倉で立ち上げたサービスのひとつに「まちの社員食堂」という、鎌倉の飲食店が社員食堂のように週替わりで地元で働く人に食事を提供する事業があるのですが、こういうものも、立ち上げたけどうまくいかないからと、1年や2年でやめるわけにはいきません。やっぱり、10年とか、20年とかというスパンで運営していくことが求められますから。

まちの社員食堂

ほかにも、利害の問題もあります。ぼくらがおもしろいからやるべきだと思っても、街全体で見ると、おもしろくないと感じる人もいますし、すごく大切だと思えることでも、それをやることで不都合がある人がいたりもする。

　一企業が出すようなサービスや広告なら、みんなにあてはまらなくても、想定する顧客にさされればいいわけですが、街づくりの場合はそうはいきません。本当にこれでいいんだっけ？　ということを、世の中に出す前に、広範囲にわたって検証しておく必要があります。

街づくりは課題がはっきりしている

―― 企画のおもしろさのようなものは、あまり求められていないということですか？

柳澤：それが、そうでもないんですよ。街づくりにもユニークな取り組みやクリエイティブなアイディアが求められている側面もあって、実際にぼくらのような企業に、そこのところでの貢献を期待する声があったりもします。そういう意味では、街づくりにアイディアの力が必要になってきているのはまちがいないし、クリエイターが活躍できる場が増えてきているという手ごたえはすごく感じています。

ただ、どうしても "クリエイティブ脳" は、瞬発力に通じる部分があるので、クリエイターはそのとき旬なものをおもしろがったり、やりたがったりする傾向があるんですよね。運用とか、計画性とかが置き去りになりがちで……。

── そういうところを意識して、適応していかなくてはいけないということですね。クリエイターとして、これまでやってきたやりかたはそのままに、単純に場所やお題を変えて取り組むというわけにはいかない。

柳澤：そうですね。ただ、大変なことばかりじゃなくて、やりやすいところもあるんです。そのひとつは、街づくりでは、課題がわりとはっきりしているということです。
　最近のビジネスの世界では、解決策がどうという以前に、解決すべき課題がつかめない、わからないと、課題の発見から取り組まなくてはいけないことが増えています。
　でも、街づくりの場合は、人口が減っているとか、税収が下がっているとか、ごみの処理が効率的でないとか、課題がすでに指摘されていることが少なくありません。いってみれば、移住促進の予算や観光振興の予算といった行政が設定している予算が課題ともいえるわけですから、そこに対して解決策を考えていくという、わりとシンプルな取り組みかたができます。

どうしたら移住者が増えるだろうか、人に来てもらえるだろうか、高齢化にどう対処すべきだろうか……という考えかたをしますから、別に誰も思いつかなかったものをつくったり、すごく奇抜なアイディアを出す必要があるわけでもない。クリエイターとしてアウトプットするというよりは、どう貢献できるかというスタンスです。

　そこで問われるのは、どこまで生活にハマるアイディアが出せるかですね。課題がはっきりしていると、理屈でつめていけそうにも思えるのですが、街づくりは、当たり前ですが、生活に即しています。理屈も大事だけれど、そこに実感がともなわないとアウトプットがフィットしないんです。だから、いわゆるBtoGビジネスとして、最近はいろんな企業が地域課題を専門に扱う部署をつくったり、広告代理店にもそういうチームがあったりしますが、急にその街に入ってきて、街づくりにたずさわるというのはちょっと難しいといわざるをえない。

　企業のブランディングを担当するにしても、ちゃんとしたクリエイターは、その企業のことを勉強したり、関係者にもしっかりヒアリングしたりしたうえで、その企業の立場で考えますよね。昔の建築家は、施主にとって本当に必要な家を設計するために、施主といっしょに暮らしたなんて話もありますが、生活にまつわるいろんな事情を踏まえるには、やっぱり地元の実感が必要なんです。

　街づくりにおいてのカヤックの強みのひとつもそこにあると

思っています。鎌倉にいるぶん、鎌倉の生活の実感は肌感覚でつか
むことができますから。

本質的なところを大切にする

―― 生活にまつわる実感をしっかりともったうえで、具体的にそ
こからどうやってアイディアを考えていくのですか？

柳澤：いちばん大切なのは、人間にとってやさしいことや、人間
にとって本当に大事な事柄をあきらめないことだと、ぼくは考え
ています。そこがアイディア発想の出発点です。
　たとえば、コロナ禍の影響で少し事情が変わってきたところもあ
りますが、これまで日本人はずっと、満員電車に乗って、わざわざ東
京まで長い時間をかけて仕事に出かけるのが当たり前だったわけ
ですよね。
　でも、本当は、そんなことはみんなやりたくないし、人間にとって
すごく大事なことでもないはずなんです。そこで、「しかたがない」
とあきらめてしまうのではなく、どうしたらあきらめずにそれをや
められるか、変えられるかと頭をひねってみる。
　先ほどお話しした「まちの社員食堂」だってそうです。20社超の
鎌倉の会員企業に対して、連携している60店近い数の地元の飲食
店が、週替わりで料理を提供してくださっているのですが、これも

「あきらめない」ことから生まれたアイディアです。

　企業にある一般的な社員食堂は、安い価格で食べられることが売りですが、でも、いくら安くても、同じ味をずっと食べていると飽きてしまいますよね。それはつくる側も同じで、同じ顔ぶれにつくりつづけていくだけだと、やりがいをもつのが難しい。

　とはいえ、いろんな事情もあるから、そういうものだと片づけてしまいそうになるのですが、そこであきらめずに、なんとかうまくやれないか、みんなが楽しんで、満足できるようにならないか、と考えてたどり着いたのが、鎌倉の飲食店が週替わりで担当するというアイディアでした。

―― 本当にみんなが楽しいと思える、人としていいと思えることをあきらめずに追求して、アイディアで解決したということですね。すごく本質的です。

柳澤：街づくりは、一過性のものじゃないし、生活に即しているぶん、ごまかしが利きませんから。本質的なところを大切にしないと、まずよろこんでもらえないんです。しかもそれは、サービスを受ける側だけの話ではなくて、サービスを提供する側にもあてはまるわけで、そこはビジネスとは少しちがうところかもしれませんね。

　ビジネスの世界では、極端なことをいえば、短期的な利益を優先してモノを売る企業もあります。その結果、ユーザーが悲しん

でしまうようなことも、なかにはある。利益至上になってしまうからで、環境問題などは、その最たる例ですが、街づくりでやった事業で誰かを悲しませるようなことは、絶対にできないですよね。まやかしが通用しないし、まやかしをやってはいけない。

逆にいえば、そのぶん、クリエイターの力が問われますから、やりがいはすごくあるのですが。

アイディアが受け入れられる"土壌"をつくる

——そうやって本質的にとらえたアイディアなら、拍手をもって迎えてもらえそうな気がするのですが、やっぱり受け入れられないこともあるのですか？

柳澤：もちろん、ありますよ。やろうといって動きだしたものの、途中で止まってしまう案件もあります。おそらく、それはどの地域にもあることでしょうね。

原因のひとつは、さっきもお話ししたように、いろんな利害関係や事情です。それに加えて、いろんな地域の話を聞いていると、街の文化のようなものが影響していることも少なくありません。

要するに、出されたアイディアをどう思うか以前の話で、そもそも新しいアイディアを積極的に受け入れる土壌がしっかりとしていないんです。

企業でも、保守的なものの考えかたをする人が多いと、誰かが新しいアイディアを出しても受け入れられないじゃないですか。いわば社内文化の部分ですが、新しいアイディアをどんどん出していこう、積極的に取り入れていこう、という土壌ができていないと、アイディアのよしあし以前に、新しいものやおもしろいものは、そもそも実現されにくくなります。

　街づくりの場合もそれは同じで、新しい魅力を生み出そう、クリエイティブの力で街を盛り上げようと思ったら、クリエイターを呼んでくるとか、外からアイディアをもってくるとかする前に、そういうものが受け入れられやすくなるような土壌をまずつくる必要があります。ぼくらの取り組みでいえば、ぼくを含む鎌倉に拠点を置く7人の経営者が集まって、2013年につくった「カマコン」もそうですね。

　カマコンは「鎌倉をもっと元気にしたい」と思って立ち上げた地域団体で、もともとは「カマコンバレー」という名称でした。鎌倉にIT系の企業が集まっていたので、ある新聞社の人がそう名づけてくれたのですが、でも、ぼくらはシリコンバレーを意識していたわけじゃありません。あくまで目的は地域への貢献です。

—— 具体的にはどんな活動を？

柳澤：月1回の定例会が活動のベースですね。そこで毎回、何人

「カマコン」の定例会

かの人たちが、鎌倉をおもしろくするためのプロジェクト案をもっ
てきてプレゼンします。で、参加者が興味をもったら、全員でブ
レストをやって、どうしたらそれを実現できるかを考えて、アイ
ディアを出しあう。

　そうするなかから、選挙の投票に行った帰りに人力車に乗れる
などの企画を用意して、投票率の向上をめざした「鎌倉市議会議員
選挙を盛り上げようプロジェクト」や、鎌倉にある企業の社長たち
が集まってみずから会社説明会を開催した「鎌倉の会社説明会」、
鎌倉のオンラインショップを盛り上げるために、鎌倉でECサイト

を営む人たちが集まって売り上げの伸ばしかたについて議論した「鎌倉ECサミット」をはじめ、たくさんのプロジェクトが実現しています。

　カマコンから、いろんなプロジェクトが生まれることはもちろん大事なのですが、こういう場があると、みんなが創造的にものごとを考えるようになりますから、地域の人たちからアイディアが出やすくなるし、外から来たアイディアにも乗っかりやすくなるんです。クリエイターがかかわる余地も、どんどん広がります。

いいアイディアは「明確な指標」から

── カマコンに参加して、人のアイディアをたくさん見て、自分自身もブレストでアイディアを出して……ということをくり返していると感覚も変わりそうですね。

柳澤：そういう側面もあると思います。実際にカヤックでもそうですが、ブレストをやるようになると、みんなものごとをすごくポジティブに考えるようになりますから。

　ただ、それでもなお課題として残るのは、街づくりの場合は、なにをもって成功とするかを評価しづらい、というところです。

　広告のクリエイティブだと、話題になれば成功とか、売り上げが上がればうまくいっているとか、指標がはっきりしていますよね。

でも、街づくりの場合は、そこが曖昧なんです。

　よく引きあいに出されるのは、「住民の数が増えた」「企業の数が増えて税収が上がった」といったことですが、冷静に考えると、それは経済的な尺度でしかない。経済的にうるおうことはもちろん大切ですが、それだけで住んでいる人たちが幸せになるわけじゃない。

　同じことは、知事や市長といった行政の首長にもいえます。どういう首長がすばらしいのか、という基準もはっきりしません。

　企業の経営者ならかんたんです。とくに上場企業だと、増収増益を実現して、株価を上げた人は経営者としてすばらしい、ということになる。でも、行政の首長の場合は、税収を上げたからといって、それだけですばらしいということにはなりません。住んでいる人たちの満足度もそうだし、環境への配慮もそうだし、やらなくてはいけないことがいろいろあるわけじゃないですか。そういうものが、はっきりとは指標化されていないんです。

　街づくりが難しいといわれる理由のひとつはそこにあるとぼくは思っています。だから、街としての成功のとらえかたを明確化しようと、財源や生産性を意味する「地域経済資本」、人のつながりを意味する「地域社会資本」、それに自然や文化を意味する「地域環境資本」の３つを軸に「鎌倉資本主義」という考えかたを打ち出したりもしているのですが……。

　これ、じつはアイディアにもかかわることなんですよ。さっき、

「広告のクリエイティブは指標がはっきりしている」といいましたが、裏を返せば、それは求められているクリエイティブやアイディアが明確だということ。だからこそ、広告の世界では、いいアイディアが出やすいし、クリエイターも力を発揮しやすいんです。

　それと同じように、アイディアを生かしたいなら、街づくりにも明確な指標があったほうがいい。今後、クリエイターだけでなく、街づくりにかかわる人たちがそれぞれ能力を発揮して、本当の意味で活躍できるようになるかどうかは、そこにかかっているといっても過言ではないと思いますね。

おわりに

編集家

松永光弘

本書には、じつは原点ともいえる１冊の本があります。

　2005年に刊行された『ひとつ上のアイディア。』（インプレス刊）がそれです。「でっかいどお。北海道」、「恋を何年、休んでますか。」などの伝説的な広告で知られたコピーライターの眞木準さんを旗振り役に、広告業界を中心とした20人のクリエイターがそれぞれのアイディア論を語ったもので、当時はまだ若かったぼくが企画し、編集を担当しました。世の中にはコーヒーを飲みながら聞いた先輩の話を大事にしている人が意外と多いという気づきから、「高級な茶飲み話」というコンセプトでつくったところ、ものの見かたや時代感、発想の呼吸のようなものがよくわかると評価され、ありがたいことに仕事でアイディアを用いる人たちにバイブルのように読まれたりもしました。

　「そろそろ、あの本のようにアイディアという存在を見つめなおしたい時期ですね」

　誠文堂新光社の三嶋康次郎編集長からそう問いかけられたのは昨年の秋のことです。アイディアを取り巻く状況は、たしかに2005年とここ数年とでは大きくちがっています。アイディアやクリエイティブというものが社会全般で広く重視されるようになり、かつてはクリエイティビティをそれほど重んじていなかった一般的な企業や行政の人たちからも、アイディアに関する疑問や悩みを聞かされることが多くなりました。また、クリエイターのなかには活動の領域を広げる人がいるいっぽうで、みずからの立ち位

置に悩む人が目立つようにもなってきています。そういう人たちのヒントとなるような本をつくりたい ── 三嶋編集長の問いかけには、そんな思いが込められていました。

　となると、やるべきは、いまの社会に横たわっているアイディアの意味を浮き彫りにすること。まさに編集という営みの出番だと思い、本書に取り組むことにしました。

　「編集＝本づくり」と誤解されることも多いのですが、普遍的な意味での編集という営みは「新しいのぞき穴をつくること」にも似ています。あるアングルから見たときに、ものごとはどう見えるのか。人の行動や考えかたはどう解釈できるのか。のぞき穴が変われば意味は変わります。ぼくはこれを「わかりかたを変える」といっているのですが（専門的にいうと「文脈をあやつって、価値や意味を発現・制御する」）、本や映像、サービスなどの場で、実際にのぞき穴を用意して、それを体験できるようにするのが編集の役割であり、機能です。

　本書であれば、「アイディアのいま」というのぞき穴を開けて、そのアングルから15人のクリエイターのみなさんの思想や考えかたにふれてもらうこと。そのための穴を、どのくらいうまく開けられたかはわかりませんが、少なくともクリエイターのみなさんは、のぞき穴の向こう側で、自身が大切にしているものを惜しげもなく見せてくださったと感じています。きっといま知るべきアイディアの姿がそこに垣間見えるはず。本篇におさめた15の思想

や考えかたが、読者のみなさんの手がかりとなることを願います。

　本書に取り組むなかで、ぼく自身もたくさんの学びや気づきを
いただきました。詳しくはまた別の機会にでも発表できたらと思
いますが、なかでもとくに印象的だったのは、「心で考えること」
が以前にもまして重要な役割を果たすようになってきていること
でした。

　アイディアは思考の産物です。その意味では、たしかに知性か
ら生まれるものといえるかもしれない。でも、知性をはたらかせ
るだけでは、人にやさしいものにはなりません。知性だけでなく、
自分の心に照らして考えることで、アイディアは本当の意味で人
びとに歓迎されるもの、ささるものになっていきます。心で考え
るからこそ、心にはたらきかけることができるのです。

　冒頭で紹介したコピーライターの眞木準さんは、「アイディアと
は愛と出会い。」という広告コピーを残しています。アイディアの
向こう側には人がいる。アイディアとは、その人を幸せにするも
のであり、アイディアを考えるとは、人の幸せを願うこと。15人
のみなさんと対話するなかで、アイディアにはそんな大切な役割
があることを、あらためて思い知らされた気がしました。

　最後になりましたが、本書の制作にあたっては、たくさんの方々
に、ご支援やご協力をいただきました。

　なかでも本篇に参加してくださった15人のみなさん、それにイ

ンタビューの設定や原稿などのやりとりに動いてくださった関係者のみなさんには、大変なさなかにもかかわらず、さまざまなお願いにお応えいただきました。

　また、グルーヴィジョンズの住岡謙次さんと浅見啓介さんには、本書で設定した文脈やインタビューのなかで見えてきたものを見事に体現したすばらしいデザインを提供していただき、誠文堂新光社の三嶋康次郎編集長には、編集家として腕をふるう機会をいただいただけでなく、企画の方針などについても的確なアドバイスをいくつも頂戴しました。さらに、20年来の友人であるコンティニュエの嶋崎周治さんと、北九州からいつもエールを送ってくださるシードの八木田一世さんには、日常的にアイディアにかかわる立場から貴重な助言をいただきました。

　そして妻と娘には、取材の出来に一喜一憂しているときも、なかなか原稿が進まず、頭を抱えているときも、いつも変わらぬ笑顔であたたかく見守ってもらいました。

　どのひとりがいなくても、この本はかたちにならなかっただろうと思います。この場を借りて、あらためてみなさまに感謝申し上げます。

2021年11月

編集家　松永光弘

【編者プロフィール】

松永光弘（まつながみつひろ）
編集家

1971年、大阪生まれ。「編集を世の中に生かす」をテーマに、出版だけでなく、企業のブランディングやコミュニケーション、サービス開発、教育事業、地域創生など、さまざまなシーンで「人、モノ、コトの編集」に取り組む編集家。ロボットベンチャーをはじめとした企業のアドバイザーもつとめており、顧問編集者の先駆的存在として知られる。20年近くにわたってクリエイターたちの書籍を手がけ、企画編集した書籍は『「売る」から、「売れる」へ。水野学のブランディングデザイン講義』（水野学）、『広告コピーってこう書くんだ！読本』（谷山雅計）、『ひとつ上のプレゼン。』シリーズ（眞木準ほか）、『しかけ人たちの企画術』（小山薫堂ほか）、『新しい買い物』（無印良品コミュニティデザインチーム、勝部健太郎）、『新訳「ドラえもん」』（藤子F不二雄、佐々木宏）など多数。「地域の新しい伝えかた学校」編集アドバイザー。自著に『「アタマのやわらかさ」の原理。クリエイティブな人たちは実は編集している』（インプレス刊）がある。
Twitter: @mitsuzosan
note: https://note.com/mitsuzo/

ささるアイディア。
なぜ彼らは「新しい答え」を思いつけるのか

2021年12月13日　発　行　　　　　　　　　　NDC674

編著者　松永光弘
発行者　小川雄一
発行所　株式会社 誠文堂新光社
　　　　〒113-0033 東京都文京区本郷 3-3-11
　　　　電話 03-5800-5780
　　　　https://www.seibundo-shinkosha.net/
印刷所　星野精版印刷 株式会社
製本所　和光堂 株式会社

ISBN978-4-416-52178-6